敦煌

车马出行

DUNHUANG CHEMA CHUXING

敦煌社会人文丛书

赵声良 主编

让我们带您走进敦煌，解读壁画中车马出行、衣着打扮、家居家具、婚丧嫁娶等日常生活画面，了解古代敦煌社会生活的文化内涵……

姚志薇 马翼欣 ——编著

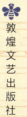

敦煌文艺出版社

图书在版编目（CIP）数据

敦煌 . 车马出行 / 姚志薇 , 马翼欣编著 . —— 兰州 : 敦煌文艺出版社 , 2023.6
ISBN 978-7-5468-2329-4

Ⅰ . ①敦… Ⅱ . ①姚… ②马… Ⅲ . ①敦煌壁画—通俗读物 Ⅳ . ① K879.41-49

中国国家版本馆 CIP 数据核字（2023）第 020296 号

敦煌　车马出行

姚志薇　马翼欣　编著

责任编辑：马吉庆　杨　雪
装帧设计：马吉庆
制　　版：王　晓

敦煌文艺出版社出版、发行
地址：(730030) 兰州市城关区曹家巷 1 号新闻出版大厦 23 楼
邮箱：dunhuangwenyi1958@126.com
0931-2131552（编辑部）　　0931-2131387（发行部）

兰州银声印务有限公司印刷
开本 880 毫米 ×1230 毫米　1/32　印张 5.375　插页 2　字数 130 千
2025 年 6 月第 1 版　　2025 年 6 月第 1 次印刷
印数：1~5000 册

ISBN 978-7-5468-2329-4

定价：68.00 元

序

中国幅员辽阔、山河广布，在这样的广阔疆域下，社会文明的进步需要庞大的交通网络来支撑。交通是人类生存和发展的主要条件之一。交通的便利为人们拓展了生存的空间，而各式交通工具的演变反映了各个时代人们的生产、生活和社会发展状况。

交通的发达，标志着人类文明的进步。交通要道上的重镇，是交通发达的集中体现。"敦，大也；煌，盛也。"敦煌，位于甘肃河西走廊西端，汉代敦煌郡包括今天的敦煌市、玉门市、安西（瓜州）县、肃北县和阿克塞县五个市县的地域，即今天的甘肃省酒泉市西部一带，在这一地域内保存的历史遗迹和出土的历史文物都属于敦煌文物。历史上，敦煌郡这个地域曾被称作瓜州或沙州，这里是沟通汉地与西域、中亚的交通要塞和历史名城。

公元前1世纪末以来，在以汉族为主体的各族人民的共同开发建设下，敦煌地区经济繁荣、商贸发达，形成了以汉文化为基础的高度发达的地方文化。东汉以后佛教的传播，带来了以敦煌莫高窟为主，包括敦煌西千佛洞、安西榆林窟等处的敦煌佛教石窟群的创建和发展，使得敦煌地区独具特色的地域文化得到发扬光大，留下了一笔珍贵的文化财富。公元4世纪到14世纪的一千多年间，数十代敦煌艺术的创作者，分别用他们熟悉的社会生活场景，去描绘和表现佛教世界的景象和佛教人物事迹，以及上自帝王将相、下至白丁俗客，这些善男信女礼佛的情况，为我们留下中国古代社会生活方面的丰富的形象资料，成为今天我们研究中国古代文化史的一大资料宝库，而作为社会生活基本内容之一的交通情况，也在敦煌壁画中得以记录和保存。

以晚唐莫高窟第156窟《张议潮统军出行图》《宋国河内郡夫人宋氏出行图》为例：图中有笔直平坦的戈壁大道、小桥流水、载歌载舞的出行队伍，马驼及舆轿等各类陆上交通工具，反映了敦煌9、10世纪的历史人物与生活。绘制内容有兵制、交通、仪仗、服饰等，反映出社会历史文化的发展与变革。出行图既是古代人物身份地位的象征，又反映了古代敦煌地区的道路交通情况，展现了敦煌地区人们对太平盛世的向往，同时也是对古代中国交通道路、交通工具、交通形式的生动记载。

敦煌作为历史上中西交通的要道，以莫高窟艺术图像、藏经洞文献、丝绸之路考古成果为依托，保存了丰富的古代交通资料，通过这些资料，我们可以进一步了解不同历史时期交通道路、运输管理、工具使用等情况，同时认识古人对美好生活的向往、建设和守护，感受古人崇尚自然、天人合一的千年"中国梦"，体会其中展现出的勤劳奉献、智慧创造、开放包容的民族精神。

姚志薇

2023 年 9 月 12 日

目录

丝路佛尘

壁画中的交通史话

自公元前 1 世纪末以来，敦煌地区经济逐渐繁荣，商贸日益发达，形成了高度发达的地方文化。加之佛教的传播，敦煌佛教石窟群的创建和发展，又使这一独具特色的文化发扬光大，为我们留下了珍贵的文化遗产。

这里首先要向大家介绍的是敦煌 9-10 世纪的壁画中反映历史人物活动的出行图。出行图中表现的人物，一般都是石窟窟主，目的在于歌颂他们个人的历史功绩，也为了留名后世，显示自己和宗族的名望。出行图在壁画中的出现，在一定程度上改变了石窟的佛教性质，使本来供人们朝礼跪拜的佛窟成为个人纪念堂或家族祠堂。在佛窟中，出行图的主要人物一般都是夫妇双方，而出行图表现的"历史功绩"，则主要针对男方，女方似乎只作陪衬，表现出古代"夫贵妻荣"的历史特征。出行图既是古代人物身份地位的象征，又反映了古代敦煌地区的道路交通情况。它所展现的是古代敦煌地区在太平盛世时的交通画卷。我们在这些出行图上，看到了笔直平坦的戈壁大道，宁静优美的小桥流水，载歌

图1　莫高窟第156窟　南壁　张议潮统军出行图　晚唐

载舞的出行队伍，劳碌奔忙的驼马及舆轿等各类陆上交通运输工具。这些出行图真实、具体、生动地记载了当时敦煌的道路、交通工具、交通形式。

在敦煌壁画的出行图中，保存最为完整、最具有代表性的莫过于《张议潮统军出行图》（图1）与《宋国河内郡宋氏夫人出行图》（图2）。张议潮是河西历史上的大英雄，他出生于吐蕃统治时

期的敦煌，其父张谦逸曾是唐朝工部尚书。张议潮亲历了吐蕃残暴统治，有感于当时民不聊生、百业凋敝的景象，深知百姓疾苦，少年时便有了归唐意愿。848 年，张议潮趁吐蕃内乱率众起义，驱逐吐蕃守军，一举收复敦煌。850 年，唐宣宗接到瓜、沙十一州图籍及张议潮捷报，特下诏表彰张议潮其功。同年，唐王朝于沙州设置归义军，统领瓜、沙十一州，授张议潮为归义军节度使、十一州观察使。867 年，69 岁的张议潮急流勇退，将归义军事务交予给侄子张淮深，自己则束身归阙，留居长安。唐朝任命张议潮为左神武统军，晋官司徒，职列金吾，并赐予田园宅第、高官厚禄，礼待有嘉。872 年，张议潮卒于长安，享年 74 岁。

图2 莫高窟第 156 窟　北壁　宋国河内郡宋氏夫人出行图　晚唐

《张议潮统军出行图》和《宋国河内郡宋氏夫人出行图》均绘于莫高窟第 156 窟，此窟由沙州刺史张淮深于 865 年出资建成，因张淮深尊其叔父河西节度使张议潮为窟主，所以此窟又叫"张议潮窟"。窟的南、北、东壁下部是著名的历史题材长卷《河西节度使张议潮统军出行图》与《宋国河内郡夫人宋氏出行图》。这两幅出行图主要是为了纪念并歌颂张议潮收复河西的功绩，绘制内容十分丰富，有军仗、军乐、仪仗、兵制、运输、狩猎、杂技、邮驿、服饰、交通等大量社会历史民俗资料。

　　《张议潮统军出行图》全长 8.20 米，宽 1.03 米，仪仗出行的主体部分长约 6 米。全图绘各种人物 114 身，马 80 匹，骡子 2 匹，骆驼 2 峰，还有猎犬、黄羊等，阵容庞大，人物众多，队列整齐，布局严谨，气氛热烈，画艺高超，为晚唐壁画之杰作，在中国绘画史上也有重要意义。画面由南壁西端开始，最前部是以军乐和歌舞为前导的仪仗队，旌旗招展，鼓乐喧天。之后有戴盔披甲、腰挎箭囊的"武骑"仪仗队。紧随武骑仪仗之后的是引导官二人，各执头大柄小的板状物，立马夹道，他们是指挥后面舞伎行止缓急的。居中的有一组歌舞表演，舞乐两侧骑马侍立的是文骑十人。之后为执旗者共六人，执门旌者一

图3 莫高窟第156窟 南壁 张议潮 晚唐

对，执小幡者一对，后随三骑，与门旌形成三角，前两骑各执一未撑开的伞状物，这就是外套袋囊的旌节，旌主赏，节主杀，这是节度使权力最重要的象征。此后是节度使幕府的武职衙将三身，也就是"衙前兵马使"，后步行两列"银刀官"八人，他们手执仪刀，是张议潮的贴身侍卫。其后有两人执辔夹马而行，正在通过拱桥，这就是幕府职事官"引驾押衙"。

这时，真正的主角张议潮才出场，他身穿红袍、体态健硕，膀阔腰圆，骑乘白马，左手牵缰，右手举鞭，已行至桥头，两侧执辔侍从夹马步行。小桥上方有榜题"河西节度使检校司空兼御史大夫张议潮□除吐蕃收复河西一道出行图"（图3）。张议潮坐骑后，紧随两骑，

图 4 莫高窟第 156 窟 东壁门南 狩猎 晚唐

是"左右厢虞候",也就是子弟兵中的首领,随后紧跟一群骑史,三排十五身,各执弓囊、箭袋、剑、盾、鏖枪、伞、扇、大旗或包袱等物,这些是他的侍卫亲军,也就是子弟兵。最后在东壁门南,为辎重和行猎部分,有驴、骆驼、马运输队,胡人赶运,又有骑马射猎之人(图 4)。该出行图是一幅不可多得的反映历史人物真实生活的画卷。

《宋国河内郡夫人宋氏出行图》与《张议潮统军出行图》相对,同样长达 8 米有余,且画面场面宏大,既有歌舞百戏,又有仪仗侍从,身份不同,姿态各异,形象地再现了世俗的种种活动。画面由北壁西端开始,以歌舞百戏为先导。百戏有精彩的顶竿表演,一力士顶竿,伸出两手平衡身体，竿上三童子上演惊险动作，一童子正顺竿向上爬，旁边一人擎长竿保护，下有四人伴奏。后面四人婆娑起舞，乐队六人分别持笙、笛、琵琶、箫、拍板、腰鼓伴奏，舞乐上方榜题"音乐"二字。下部二身乘奔马飞驰者，是出行队伍中传递信息的使者，即信使。前者斜挎公文袋回首向后转身传递公文，后者急速赶来接收（图5）。乐舞队之后是六名女官，后为辎车一辆，这是宋国夫人的行李马车（图6），前有两人牵拉，后随侍女八人，执团扇、捧包袱等物。之后是"檐舆"两乘，即两顶蓝色大轿，各有八名轿夫弯腰弓背抬行，

图5　莫高窟第156窟　北壁　驿马传递　晚唐

图6　莫高窟第156窟　北壁　行李马车　晚唐

图7　莫高窟第156窟　北壁　八抬大轿　晚唐

图8　莫高窟第156窟　北壁
宋国河内郡夫人宋氏　晚唐

这就是八抬大轿（图7），里面坐的是宋国夫人的女儿，后随男女侍从六人。其后是轺车两乘，红马驾辕，辂车驭马，侍从两旁随行。车围帷幔，后随执团扇、捧包袱的侍女数名。

道路中间为骑红马着男装的女引道官，双手执鞭，缓步慢行，后随女乐四人，在行进中演奏箜篌、琵琶、笙和拍板，两旁有八位银刀手警卫。这时，才出现了主角宋国夫人（图8），宋氏面容丰满，头戴花冠，穿紫色交领大袖衫，齐胸粉裙，衣褶分染，重墨勾线，乘长鬃白马，稳步缓行，两旁侍者相随，前有榜题"宋国河内郡夫人宋氏出行图"。宋国夫人身后，随侍九骑，除一女装外，其余皆女扮男装，分别执扇、衮、镜、琴、炉、壶、包袱等日常用品，应是夫人的贴身

图 9 莫高窟第 156 窟 (局部) 北壁 八抬大轿 晚唐

女眷。画面最后转入东壁门北，为大规模的辎重运输及狩猎场面（图
9）。该出行图表现了一位封建贵妇出游的奢华场面，展示了当时社
会生活的一部分。

素履所向

交通道路的开拓

二

中国交通的起源，可追溯到遥远的石器时代。据考古资料，早在 170 万年前，中国境内就已出现能够直立行走和制造工具的人类。先民们为了生存，要离开洞穴去狩猎、捕鱼和采集，要集体出行，要往条件更好的地方迁徙。这样，交通活动自然就在先民们脚下开始了，一条条道路也在人们脚下踩出来了，这就是原始的交通。后来，随着农耕、畜牧业的发展，制陶和打井等一系列技术和能力的普及，人们逐渐从山顶河谷移居平原或丘陵等更广阔的地区，这样就使各部落之间有了来往和沟通。这是人类交通史上的第一次飞跃，它为人类先民提供了更加广阔的生存和发展空间，为完整意义上的交通道路打下了基础。

第一节　跋涉之咏

在没有出现交通工具的远古时期，人们只能以徒步行走的方式出行，那时候的道路也多为崎岖狭窄的羊肠小道，而这一原始交通形式，在敦煌地区，也还是行旅的基本形式之一。我们从当时壁画的描绘中就可以看到这一点，其最为集中的体现就在《五台山图》中。佛经记载，清凉山为文殊菩萨道场，我国佛教徒认为五台山是清凉山，在今山西五台县境内。北魏时期，五台山已经兴建了许多寺院。隋唐以后，随着佛教在中国的不断发展，佛事更加兴隆，带有很多神话色彩的"五台圣迹"更是盛名远播。最早的五台山图创制于唐龙朔年间（661—663 年），由沙门会赜对五台山进行考察之后绘制而成。长庆四年（824 年），吐蕃遣使到长安求《五台山图》，此图才传入敦煌，并产生了深远的影响。莫高窟共有六个洞窟内绘有《五台山图》，其中最为著名的一幅绘制于五代第 61 窟西壁，是一幅内容丰富、规模宏大的通壁巨制。

此图高 3.5 米，长 13.6 米，面积达 47.6 平方米。画面分三层：下层表现五台山区内的城池县镇、名胜古迹及当时的社会宗教活动，如河北正定县、忻州定襄县、五台县、石岭关镇、永昌县等五处，各种店铺、住宿、养马等旅店十一处，行旅队伍中有数名起送贡使。中层表现神人交往的宗教世界活动，有大量寺院、楼阁、兰若、茅庵、塔庙，有修行的和尚，有佛像，有善男信女，也有天空神变。上层主要表现想象的天空幻化神变，共三十多种，如雷电云中现、佛手

图 9　榆林窟第 61 窟　西壁
五台山中的行旅　五代

云中现、灵鸟现、金龙云中现、功德天女现、金色世界现、大毒龙
二百五十等。整个画面大部分是现实世界的象征图，保存了大量的历
史资料。

在这幅图中，徒步出行与人力运送的画面比比皆是。四人一马排
成一行沿山谷中的小溪行进，前面第一人牵马，第二人赶马，第三人
背负行囊，第四人挑担。挑担登山，行走在五台山漫长的道路上，虽
然很辛苦，但却是比较便捷的运输方式，这些都表现了朝礼五台山的
普通百姓的形象（图 9）。

青阳之岭部分展现了朝圣者们翻山越岭的景象。画中有人驱
赶拉扯牲畜，有人挂杖而行，有人背着行囊，有人挑着担子。整

图10 莫高窟第61窟　西壁　五台山进香途中翻山越岭　五代

体画面，上山者艰难攀爬，甚至四肢着地，下山者小心翼翼，略显轻松（图10）。

　　根据画面位置，"青阳之岭"与五台山相连，推测是《入唐记》所记大复岭。大复岭是东入五台山的最后一道大山，河东道关隘，史籍无载，可能是设置在大复岭上的关隘，从镇州来往于五台山的人都从这里出入。

第二节　水梁征铎

　　人类对交通工具的制造和使用，以及对交通道路的开辟，是交通史上的根本性变革。如果说在此之前人类只是消极被动地利用自然，那么自此开始已经在不断地征服和改造自然了。至少在新石器时代中期，先民们已经开始修筑道路，架设桥梁。春秋战国时期，由于诸侯争霸，战争频繁，客观上却促进了交通的进一步发展。浮桥横跨黄河天险，千里栈道架设于人迹罕至的秦岭，横贯南北连接江河淮汉的人工运河也在此间开通，自此水陆交通连在了一起。

人类生存离不开水，但水也给古人出行带来不便，于是就出现了桥梁的架设和使用。敦煌周围比较平坦的沙漠绿洲也是如此，壁画中在商旅队伍的脚下经常有一些小桥出现，这类架设在小溪上的桥梁，分梁桥和拱桥两类，人畜及车辆均可从这些桥梁上通过。这种情况在地处大漠的敦煌一带比较多见，但有一些桥下有舟筏类的水运工具，说明此桥架设在比较大的河流之上，这表明当时航运的发达与交流频繁。

佛经中说，在末法时代，佛教要面向社会、广施福善，其中修建桥梁就是利益众生的重要公益事业之一。敦煌壁画中对此也有描绘，画中桥梁平坦，两侧有栏杆，桥上有两匹骡子驮货前行，后面跟随正要上桥的骑马的商队。桥的另一侧，一胡商牵着骆驼等待过桥，后有

图 11　莫高窟第 296 窟　窟顶北坡　商队过桥　北周

一商人赶着两头骡子（图11）。

隋朝同样有表现这一情节的画面，正中绘一座桥，样式与前者相似。桥上有一架双峰驼车，车有两轮，卷顶车厢内坐一位妇人，骆驼正昂首阔步，从容过桥。旁边有一棵树，形态自由抽象，十分生动。桥下远景中有两人划船，说明此桥架设在大河之上。近景是水中的旋涡，体现了水的流动。从绘制手法上看，构图简单却很紧凑，笔法质朴但不失生动，是一幅颇具情趣的图画（图12）。

敦煌壁画中，道路上的桥梁图像不多，但在《五台山图》中，却绘制了"化金桥"（神灵化现的金桥）、"五台县西南大桥"、与城门相接的护城河桥，以及其他小溪桥等各种桥梁十余座。这些桥有一个

图12　莫高窟第302窟　窟顶人字坡　轺车过桥　隋

明显的特征，即不论规模大小，桥的建筑结构和形制基本上是相同或相似，都是象征性的，大多绘成虹桥形制。这可能是敦煌本地画工依其所见而绘，反映的是地处大漠戈壁的敦煌一带的桥梁。画面描绘了山中商队与虹桥，四人一马正向山谷深处行进，即将临近一座红色的小桥。这座小桥结构简单、造型别致，十分精巧地架设在小溪之上（图13）。

五台县西南大桥，绘于《五台山图》的中部、"河东道山门"的内侧，即已属五台山境内的五台县。这是整个敦煌石窟壁画中最清晰的一幅桥梁图，但这座木构虹桥也是象征性的，两边的栏杆分别只绘了四根蜀柱，结构简单，造型别致，是敦煌壁画中桥梁图象

图13 | 莫高窟第61窟 西壁
山中商队和虹桥 五代

图14 | 莫高窟第61窟 西壁
五台县西南大桥 五代

图15
莫高窟第 85 窟　窟顶南披
栈道与行人　晚唐

的代表作品（图 14）。

第三节　木栈危峦

　　栈道是古代中非常重要的一种道路，也是在地势艰险的地方常用的设施。古代栈道中，离敦煌最近者为入蜀之道，即从今陕西（秦）至四川（蜀）的道路：自关中越秦岭至汉中有斜谷与骆谷两道，而自汉中再至四川及文川谷路，均因架设栈道而通。古代栈道有多种形式，最典型者为桥梁式栈道，将一根根横木排列，一端插入悬崖峭壁上的壁孔内，另一端悬空伸出，再于横木上铺设木板拼接而成；条件好一些的栈道又在悬空侧增设栏杆。画中（图 15）道上有三人正背负行

图16　莫高窟第12窟　南壁　栈道与行人　晚唐

襄行进，栈道狭窄，依山势而设。

　　敦煌地处大漠戈壁，戈壁上的道路虽然比较平坦，但行路仍然十分艰难。我们在9-10世纪的敦煌壁画中，可以看到许多栈道上行人的画面，这些画面表现了观音菩萨救苦救难的内容：如果在山峰上被人推下山崖，或是因被坏人追逐不幸失足坠崖，这时只要一心颂念观音菩萨名号，观音菩萨就会前来相救，落难之人就可以安然无恙。画面上的栈道都悬空于峭壁上，有行人、担驮的牲畜通过，十分险峻和逼真。敦煌壁画中的栈道都属于与蜀道相似的桥梁式栈道，敦煌文书还保存有一批来自蜀地的文献，由

此可知当时敦煌与蜀地已有来往。据此，敦煌壁画中所描绘的栈道极有可能就是当年的秦蜀之道。画中红色栈道露出三部分，表现出栈道沿山体而建，忽隐忽现的特点，画中共六人，其中五人均背负行囊侧身前行，一人正跪地合掌向观音菩萨祈祷。这幅画特别能够表现"蜀道之难，难于上青天"的情状（图16）。

敦煌最早的栈道壁画绘于公元865年的第156窟。公元865年正值张议潮执掌归义军政权时期，这与敦煌文献中关于敦煌同蜀地交往的时间记载是一致的。值得注意的是，画面上的栈道大多是同驴驮队连在一起的，出栈

图17　莫高窟第 14 窟　南壁　栈道与行人　晚唐

道后的驴驮队都在休息。这些画面实际上早已脱离了佛经的原意，较生动地展现了古代西北地区与川蜀交通道路及运输方面的一些情景。画中的栈道蜿蜒崎岖，下临万丈深渊，行人前后呼应，可见行路之难。

中国古代与西方各国的交通，除了以敦煌为枢纽的"丝绸之路"外，在中国的西南地区，长期以来也有一条通向南亚各国的经济文化交往之道，被誉为"西南丝绸之路"。中国西北的丝绸之路与西南的丝绸之路正是通过"难于上青天"的蜀道连接在一起的，而敦煌壁画中的栈道即这一历史的直接体现。

空阔相托

交通运输的参与者

随着历史的发展，道路交通和运输工具也在不断进步与改善中。早在上古时代，先民们已经使用舟船、修筑道路桥梁、驯养牛马，较晚一些又出现了车。历史证明，中华民族早在进入文明社会之前，就已经全面开启水陆交通资源的开发利用并熟练使用各类交通工具了，而交通运输工具的使用，最初表现在对家畜的驯化、饲养和鞍具的制作等方面。

敦煌壁画反映出丝绸之路交通运输的主要方式是驮运。乘骑驮运是最早出现的运输方式，即使在马车出现之后，在很长一段时间内，驮运和乘骑仍然是长途运输的主要方式，而车辆只用于短距离运输。我们在石窟壁画上所看到的正是这一历史情景，马、象、骆驼、骡、驴等牲畜队伍重驮满载，在商人们的驱赶下穿梭于这条丝绸古道上。马作为运输工具，在中国起源较早，新石器时代就已开始驯养，至商朝便开始驮运货物。骆驼是沙漠中独特的运输工具，商周时期开始传入中原，最初只作为贡品供皇族使用，后来成为运载工具。南北朝时期，大量毛驴从西北传入，逐渐被用作乘骑和运载货物。大象则是来自今中国云南地区的亚洲象，易于驯服和驱使。这也说明在敦煌壁画制作的时期，即公元 4 世纪至 10 世纪，驮运仍然是古丝绸之路上商旅贸易的主要运输方式。

第一节　渥洼遗音

马在古代交通运输中起着非常重要的作用，它不仅是古代主要的交通运输工具之一，也是古代重要军事装备的必需品。在中国，马的饲养和管理一直受到历代王朝的重视，古称马政。其起源最早可追溯至马已普遍被驯养和使用的新石器时代。自夏朝开始，马已用来拉车。直到近代运输工具问世之前，马一直是供人们乘骑、驮运和驾车拉车的重要交通工具，因此它的饲养、管理就显得非常重要。

敦煌地区也不例外，自汉朝以来，马一直是主要的交通和生产工具、主要的军事和邮政装备。汉唐时期，民养官用和官养军用并存。具体来说，北朝之前为前者，隋朝以后为后者。因此，敦煌壁画中所反映的驯马养马场景，实际上是北朝至唐朝的"马政"。如西魏和北周壁画中的《驯马图》，马夫（驭手）不论是汉人还是胡人，均只有

图18 莫高窟第112窟 驯马砖
唐 窟前出土

一人，可能是"民牧"；而隋朝壁画中的"驯马图"，一马前后有马夫五六人，是集体驯服，应为"官牧"；唐朝的驯马砖浮雕，二马夫驯一马，马夫为身着甲胄的士卒，也是"官牧"。

《胡人驯马图》，绘制于公元570年前后的北周时期。这是敦煌壁画中出现较早的一幅驯马图。画中一高鼻深目的胡人马夫，头戴白毡帽，身着小袖褶，脚蹬长靿靴，一手拉扯缰绳，一手高举鞭子，两眼圆瞪，正在驯马。被驯之马抬起了一条前腿，后腿弯曲，臀股后坐，低头挣扎，正准备挨打但又很不驯服（图19）。画工以自己对生活的细心观察和纯熟的技巧，生动、简练、准确地表现了马夫驯马的生活场景。此画面应为当时民间为官府养马调驯的情景。

《集体驯马图》，绘制于隋朝初期。画面正中为两匹高头大马，一黑一白，马前一人举鞭牵马而行，边走边回头看马。两匹马虽低头略

图19 莫高窟第290窟 中心柱西 胡人驯马图 北周

有驯顺之意，但黑马滞足不前，白马抬蹄挣扎，所以牵马之人回首似作吆喝之状（图20）。马后还有四人跟随，其中两人捧持长竿，应为驯马工具。这幅画表现的可能是官方养马和驯马的场景。

隋唐之际，有很多供养人像里都画有马，这首先说明马在当时受重视的程度，同时也反映了那些贵族信徒们"敬佛"的真实心态。画中在一行供养人像列中，有一位供养人向后转身，挥手招呼一位牵马人及马。牵马人毕恭毕敬，拱手作揖，身后两匹棕色大马也很驯服（图21）。这幅画是对当时富家大族养马驯马、重视马匹的一种再现。

据敦煌文献所记，唐朝时期敦煌有官办或由官府控制的马坊、马社等，还有所谓"官马家饲"的养马民户。文献中还有大量关于马的

图20　莫高窟第303窟　东壁门北　集体驯马图　隋

使用、死役处理等管理方面的记载。官方使用的马还有专门的"长行马"，即主要用于邮政的马，驿夫们在通过驿站时可根据需要换乘；另外还有官府所属的"传马坊"，为军队、使者及过往行人配给马、驴等。这些情况都与敦煌壁画中的《马厩图》所描绘的内容相对应。

马厩图大量出现于唐代中期及以后的壁画中。《法华经·穷子喻》讲有一富家子，幼年走失，忘记父母家庭。数年之后，流落到自家门口被父亲发现，孩子却心生恐惧逃走。父亲为了让他回家，雇用他在家里的马厩做事，之后逐步委以重任，最后父子相认，将万贯家财交付于他。这个佛教故事是将佛比喻成父亲，将众生比喻成这个孩子，由于父子早年失散，子不认父，所以佛祖想将佛法交给众生，而众生

图21　莫高窟第431窟　西壁　供养人与马　唐

却心生恐惧，于是佛祖只好以逐渐交付的方式，最后渐渐引导众生走向成佛之道。

《马厩图》主要表现该故事中孩子在马厩内生活的场景。壁画中马厩设施齐全，饲养人员各司其职。大部分马厩图中都有清扫场面，说明了古人在养马时卫生方面有严格的要求。在这些大同小异的画面里，有膘肥体壮的马匹，也有忙里偷闲的养护人员，从中可知这些马厩当为官营养马场所或"传马坊"。画中有三匹马站在马厩当中，孩子正站在红马后打扫马粪。马厩一角有一草庐，庐内一人正托头小憩，马厩外有两人正向马厩门口走来，是孩子的父母前来探望（图22）。

晚唐五代时期，马厩的结构进一步完善，隔墙将马厩一分为二，

图22 莫高窟第237窟 南壁 马厩 中唐

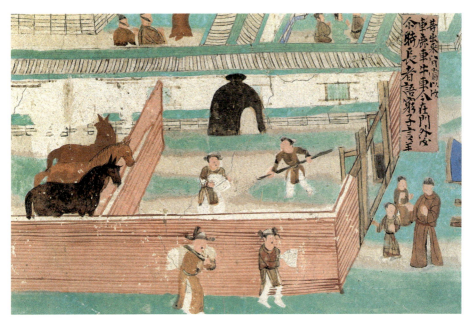

图23 莫高窟98窟 南壁 马厩 五代

即内外间。外间是马夫休息的地方，有临时搭建的草庵，也是马夫打草和准备饲料的地方；内间是马匹活动的场所。画中内间有三匹马，一匹回首，两匹隔墙而望，外间两个马夫正忙着清理马厩，门外父亲正劝导孩子（图23）。

第二节　应地无疆

　　横贯西域的西北丝绸之路，是丝绸之路中最重要的一段，是历史上中国与世界各国的经济文化交流之路，是连接中华各族人民之路，是中国同世界各国之间的友谊之路，而敦煌就地处这条丝绸之路的要冲——中西文化交流的必经之地。敦煌的古代文明，特别是敦煌石窟留给我们的文化财富，是古代东西方文明交融的遗产，是人类古代文明的集中展现。古丝绸之路开拓、经营和发展的历史面貌，在敦煌石窟群现存的十六国时期至元朝创建的数百个洞窟中，都有所展示。我们从石窟中的壁画和彩塑中，可以看到公元5世纪至10世纪，中国北朝至隋唐时期的600年间，来往于这条大道上的商旅、官员等各类人物，以及他们历尽千辛万苦的情景，也看到了为管理和守卫这条大道付出心血与汗水的一代又一代人们的形象。同时，我们在壁画中还看到了中原部分地区的古代交通状况，看到了马、牛、骆驼、象、驴等各种载人和驮运货物的牲畜。敦煌地处内陆，而陆上交通的盛期是在公元 10 世纪之前，因此不论是敦煌境内现存的遗址遗迹，还是敦煌壁画中表现的丝绸之路盛况，主要展示的都是公元 5 世纪到 10 世纪，约 500 年之间的陆上交通情况。

今天，无论什么人，无论什么时候，在什么地方，一提到丝绸之路，都不会忘记它的开拓者——张骞。公元前 2 世纪，汉武帝派张骞出使西域，后又发兵攻打匈奴，将河西全境纳入汉朝版图，列四郡，据两关，由此拉开了中西交通的历史的序幕。河西四郡最西端是敦煌郡，而玉门关和阳关这两关均设在敦煌境内。所以，敦煌很自然地就成为丝绸之路的门户，被誉为"华戎所交一都会"，历魏晋南北朝、隋唐、五代、宋、元，一直保持着这种历史地位。而张骞的名字两千多年来紧紧地和丝绸之路连在一起，他的历史功绩永远为世人所称颂。早在公元 7 世纪的敦煌壁画中，就描绘了张骞出使西域的历史场景。

张骞出使西域的场景在敦煌壁画中被赋予了佛教意义，场景由三个画面组成。第一个画面讲汉朝的大将霍去病在攻打匈奴时缴获两尊祭天金人像，汉武帝将这两尊金像供奉在甘泉宫，经常前来礼拜，但

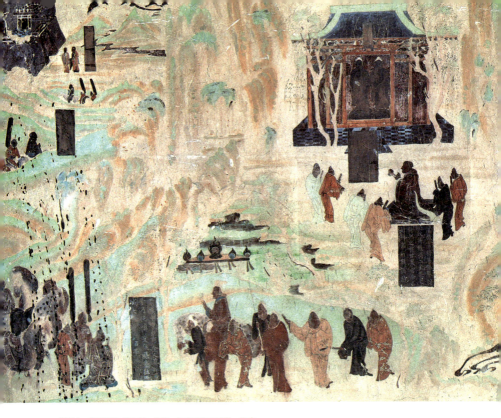

图 24　莫高窟第 323 窟　北壁　张骞出使西域图　初唐

他不知道这两尊金像的名号，也不知道它们是什么神像。于是，汉武

帝决定派张骞出使西域去问一问金像的名号；第二个画面就是张骞率

领部下辞别汉武帝的情景，坐在高头大马上的就是汉武帝，领头跪拜

的就是张骞；第三个画面是张骞及随从穿越崇山峻岭，至西域的大夏

国，大夏国有人告诉张骞金像是西方的圣人，名字叫作佛，于是张骞

回禀了汉武帝（图 24）。自此，佛教传入中国。

　　这一故事，多有虚构的成分。众所周知，张骞两次出使西域，一次是为了联合大月氏，另一次是为了联合乌孙，目的都是为了夹击匈奴，而不是为了问佛像的名号。根据历史记载，佛教在东汉初年传入我国。唐朝的佛教徒将这一历史附会在西汉张骞出使西域的事迹上，将佛教在我国的历史提前了一百多年，这明显是为了提高佛教地位进行的杜撰。张骞，这位中西交通的开拓者，他的名字和这条"丝绸之路"的历史紧紧地联系在一起，受到后世的尊崇和敬仰。壁画中虽然附会了佛教的传说，但也不失为古人给张骞树立的另一种形象。

由敦煌壁画所绘可知，古代途径敦煌的丝绸之路道路大体有两种类型：一是比较平坦的道路，这一类道路，沿途有管理机构，有可供来往商旅饮食住宿的驿站、客舍和其他相应的服务设施；第二类道路是比较崎岖险峻的山路，在这类道路上来往的商旅，不仅有经常遭受风雨的袭击、滑落山崖沟涧，将一切葬送在途中的危险，而且还常常遭遇强盗的抢劫，将自己历尽千辛万苦得到的财物被迫拱手让给半路的剪径匪霸，有时甚至还会搭上自己的性命。如果没有壁画上那些细节的描绘，我们今天在称颂古丝绸之路的繁荣兴盛及其对人类发展进步的巨大贡献时，很难具体了解先民们为此付出的巨大代价。

从 6 世纪下半叶的北周时期开始，壁画中出现了大量的商旅图，内容表现了商队出发、行进及途中的各种遭遇、小憩的情景。引人注目的是，这类画面都极富敦煌及大漠特色。以绘于公元 570 年前后的途中小憩图为例：画面从右至左依次为灌驼、槽饮、汲水、卧驼等场面，给即将出征的骆驼灌药能使其预防疾病和抵御酷暑风寒，这是沙漠中一项重要的运输保障措施。下栏画牵驼赶马的胡商队伍与骑马赶驮的汉商队伍在小河两边；汉商队的马驮已上了小桥；马队后边有一仰卧于露天的病患者，旁有三人正在护理和诊治。这组画面表现的是佛经中提倡的面向社会、广施福善的内容。遗憾的是，因信息有限，

驮运图中的牲畜所驮何物，我们无从知晓。

　　6世纪下半叶的一幅隋朝壁画中，绘有一幅极富敦煌特色的古丝路水陆交通全图（图26），这幅画主要是表现佛教中提倡的凿井、架桥、种树、施药等七种公益事业。画中既有陆上的道路、桥梁及马、驼、驼车等运输工具，也有河流中的小型水运工具（皮筏类小船），画面自左至右依次为：辘轳取水、小桥及小筏、驼车过桥、驼马驮队、钉马掌，是典型的具有西北特色的水陆交通运输全图。其中，辘轳取水是现在还可以看到的半机械性质的人工掘井及汲水方式。钉马掌是对

图26　莫高窟第302窟　窟顶西坡　古丝路水陆交通全图　隋

马匹的一种保养和使用方法，旨在提高马的长行耐力。河上的小桥为木栏平桥。河中小筏可能是佛教典籍所记"浮囊"。这些都可以帮助我们了解当时敦煌及中国西北地区的水陆交通运输情况。

骡、马、骆驼是丝绸之路上最常见的运载工具，在敦煌壁画中也有多处表现。佛经中说，善友太子为谋得众人的幸福，受父王派遣，率大队人马入海求宝。画中人物多以汉人形象描绘，前面三位骑马者是善友太子等人，后面两位胡人面貌的应是商主，之后跟随运载货物的是驼队和骡马队，后面还有赶牲畜的人（图27）。这幅画在一定程度上也反映了当时丝路交通的盛况。

需要指出的是，反映古丝绸之路交通的壁画，除了上面几种，其余均出自《法华经变》。在所有的大乘佛教经典中，《法华经》的许多内容比较贴近社会，直接论及大量与人们生活相关的问题，反映人们生存、生活的需要和意愿；另一方面，人们的现实生活也为艺术家们绘制法华经变提供了素材，这就为我们今天窥探古代社会生活留下了宝贵的图像资料。《法华经》中说，商队如果遇到强盗，只要有人立刻一心称颂观音菩萨名号，就可以摆脱强盗顺利通过。敦煌壁画中的胡商图，几乎都描绘了胡商遇盗而得观音菩萨救助的情节。古代画匠

图 27　莫高窟 296 窟　窟顶东坡　骡马驼队　北周

图 28　莫高窟第 303 窟　人字坡东坡　胡商图　隋

们显然非常熟悉这一社会现象，把商人、商队及其行进途中的艰难辛苦，甚至各类人物的各种表情，都做了仔细描绘。

　　隋初的一幅胡商图中（图28），商队领队为高鼻深目的胡人，他率领马驮队与手执兵器的匪盗在小桥两头遭遇。三个强盗全副武装，领队似乎正与其理论，身后一位商人双手合十称颂观音名号，这时两名强盗已不由自主双手合十，示意放行。离开佛经内容，换一个角度推测的话，小桥边可能就是敦煌地方政权设在路口的关卡，守关人员全副武装，正在准备盘查过往的行人商旅。

　　隋朝中期的一幅《胡商遇盗图》（图29），将商队的艰辛描绘得更为细致，画面从右至左依次为：商主跪拜祈祷，为骆驼灌药，驼队出发，驼队在陡峭的山路上攀登行进，一驼跌落山崖，商人拽着驼尾

图 29　莫高窟第420窟　窟顶东坡　西域商队　隋

下山，碰上全副武装的强盗，商队仓促应战，强盗战胜商队，强盗双手合十等。这幅画生动而具体地反映了商队旅程的艰难。行进在丝绸之路上，不仅要走过茫茫沙漠，还要翻山越岭，在道路状况不好的环境下履冰踏雪、跋山涉水，历尽艰险；在遇到强盗时，商队虽然也能应战，但终不敌强盗势力，最后被掳掠一空，最后只好寄希望于观音菩萨。

　　这条丝绸之路，不仅有崎岖陡峭的山路，山中还经常有匪盗出没。莫高窟第45窟《胡商遇盗图》便描绘了这一景象（图30）。画中有高鼻、深目、长须的胡商六人及驴驮二乘，商人们将货物卸下后，立于手持刀剑的匪盗面前，一起合掌念观音名号，匪盗见状便放弃抢掠，向山林深处走去。

图30 莫高窟第45窟 南壁 胡商遇盗图 盛唐

　　根据敦煌壁画所示，来往于丝绸之路上的商旅，基本上都是"胡商"，而丝路管理者都是历代王朝的军政机构人员。这一点与历代史书及敦煌文献的记载是一致的。居住在中国以西的中亚地区的粟特人，两千多年来一直是这条丝绸之路上商贸队伍的主体。在古都长安、洛阳及其以西丝路沿线的城镇和乡村，都有粟特人从事商贸活动的场所和居住的地点，敦煌当然也不例外。壁画上展现的北朝至隋唐的大量"胡商"，虽然没有明确的记载，有关的问题也尚待进一步弄清，但从历史资料看，他们大都应该是世居中亚的粟特人，部分定居在中国的粟特人后来发展成为活跃于古丝绸之路上的"昭武九姓"。画中绘高鼻深目的胡商二人并马驮物，胡商中一人以毛驴为坐骑，这些胡商形象就与粟特人比较接近。

第三节　华严圣旅

巨幅《五台山图》绘于公元 950 年前后，是中国现存较早的在石壁上彩绘的五台山图。它不仅形象地描绘了佛教圣地五台山古刹林立、香烟缭绕的盛况，而且清晰地展现了唐、五代时期从河北道南部（相当于今天的河北省境内）、河东道（相当于今天的山西省境内）出入五台山的两条交通要道，亦即从今日河北正定向西北至五台山，又向西南至山西太原的路线。图上山河地貌、道路桥梁、关隘城镇、驿站客栈等无不具备，还包括来自天南地北的香客、信徒、使团，以及道路交通运输工具和运输形式。所以，此《五台山图》是极为珍贵的交通史文献，也是敦煌壁画中反映古代交通的代表作品。

出入五台山有四条道路可行：南面二道，即东南从河北道镇州、西南从河东道并州至五台山；北面二道，即西北从河东道朔州或云州进入代州再上山，东北从河北道幽州、易州方向入河东道蔚州至五台

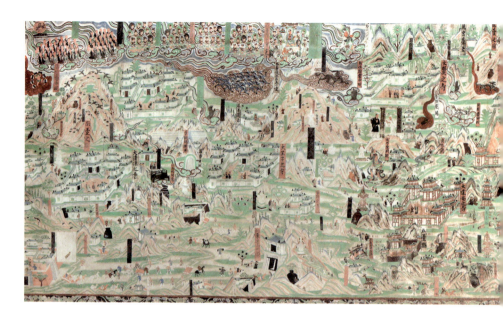

山。但由于河北道北部及河东道以北地区，所居多为游牧民族，不似中原人笃信佛教，所以不管是中原人还是外国参拜者，一般都是从南边这两条道路出入五台山。唐朝时期五台山周围的交通状况，特别是太原和镇州的两条道路，当时就为人熟知。《五台山图》（图31）所绘出入五台山的道路，即常见的五台山至镇州和太原这两条道路，分别绘于图下部的左右两边：从镇州出发向西北方向，途经行唐县、龙泉镇、石觜关镇等城镇村落，翻越太行山大复岭至五台山，图中榜题（壁画上的说明文字）为"河北道山门东南路"；从五台山出发向西南方，过五台县，途经定襄县、忻州治所秀容县，南下过石岭关至河东节镇并州太原，图中榜题称为"河东道山门西南路"（图32）。

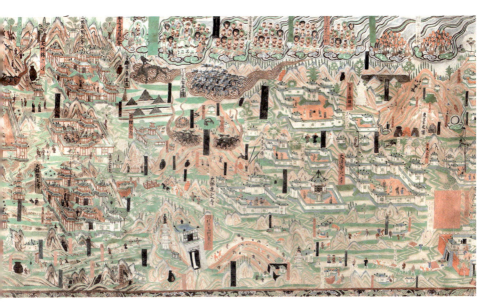

　　根据记载，河北道南部和河东道这两条通往五台山的道路多为山路，人畜行走便利，但车辆无法通行，《五台山图》所描绘的正是这样一种景象。尽管当时马车已经在大量制造和使用，但《五台山图》中一辆马车都未出现。来往五台山的各国、各族、各阶层的朝圣者们，基本分为步行与乘马两种，步行者中还有不少是背负行囊、肩挑重担者，牲畜有马、驴、骆驼等。各类城镇、关隘、驿站、客栈均地处深山，各类人马皆行进和留宿于崇山峻岭、大河小溪沿岸。因此，《五台山图》客观反映了五代时期五台山地区的交通状况，在中国古代的长途运载工具的使用和运输形式方面较有代表性。

　　画中一头不堪重负的毛驴因困乏而卧倒在途中，前面一人用力

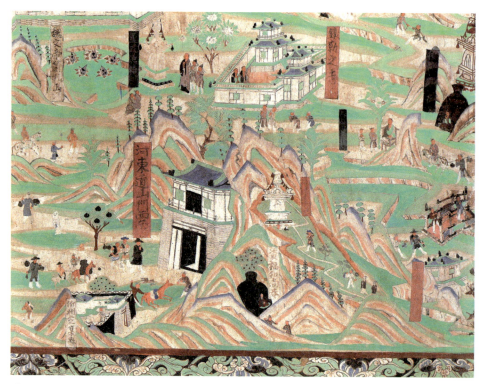

图 32　莫高窟第 61 窟西壁　河东道山门西南路　五代

图 33　莫高窟第 61 窟　拽赶卧驴图　五代

图34　莫高窟第61窟
赶驴上山图　五代

拽，后面一人执鞭猛抽驴的屁股（图33）。这幅画生动地展现了普通百姓的生活场景，同时也在一定程度上反映出通向五台山"圣域"道路的艰难。

　　另一幅《赶驴上山图》富有生活气息（图34），画中毛驴行至河东道山门前忽然不动，大概是太过劳累想就地休息，但是主人还想让它继续赶路，所以一人在前生拉硬拽，另一人在后挥鞭驱赶。毛驴的脾气一向以倔著称，这一点在画中表现得十分生动。

　　《五台山图》中向西通往石岭镇的山路上，有一幅《驼队西归图》（图35）画面上一驮夫手牵三头骆驼，行进在出五台山向西南返回太原的道上，反映出古时北方大部分地区普遍使用骆驼作为交通运输工

图 35 | 莫高窟第 61 窟
驼队西门图 五代

具的情况。画中驼队已完成进香的任务，加上道路平坦，人畜都显得
悠然自得。

第四节　逆旅相温

　　客栈旅馆是设在旅途中供人休息的场所，《五台山图》中绘制了
大量的客栈旅馆。画面为河东道太原城，绘制于《五台山图》西侧下部，
左侧大城即唐朝河东节度使治所太原府，即今山西省太原市以南。画
面下部所示为旅行者们出太原城东门、过桥向五台山进发的情景。太

图36　莫高窟第61窟　河东道太原城东　五代

原城右侧有一队人马浩浩荡荡正在出城、过桥，榜题写"送供天使"，这是五代后唐朝廷派往五台山送供品的使团。右上角绘一歇山顶式小屋，榜题"太原白枧店"，当为北距太原城80公里的白杨店。店外一人正拱手作揖，似在求宿。店旁有一座黑色草庵，庵内有人正在休息（图36）。

河北道镇州，西汉时称为常山郡，即今河北省正定县。唐朝置镇州，五代后汉时仍称镇州，此时即为《五台山图》的绘制时期。画中为旅行者出镇州城西门，过桥向五台山进发的情景（图37）。《五台

图 37　莫高窟第 61 窟
河北道镇州及周边　五代

山图》之"河北道镇州"城西侧下方，有一支庞大的人马队伍正陆续
从小桥上经过，上有题榜书"湖南送供使"。再向西渐次有"灵口之
店""柳泉之店"和"龙泉之店"，均为歇山顶式小屋，屋内外分别有
推磨、舂米等生产生活场景。

图38 莫高窟第61窟 新荣之店及新罗送供使 五代

　　在"河北道镇州"城西侧上部,绘有一座简单的歇山顶小屋,有题榜曰"新荣之店",小屋旁绘两名店员正在迎接客人;来客一行三人一马,有题榜曰"新罗送供使"(图38)。新荣之店应该是历史上镇州城北20公里的"使庄"。新罗则古称高句丽,即今朝鲜。新罗僧人上五台山之事,史书中有多处记载,敦煌文书中也有"滔滔海水无边岸,新罗王子泛舟来,不辞白骨离乡远,万里将身到五台"的诗句。《游五台山巡礼记》中还有"看新罗王子塔"的记述,《五台山图》的中部下方(中台下)也绘有"新罗王塔",又有场面表现正在进入五台山的"高句丽王使"。这一切都表明五台山与新罗国的密切关系，画中新罗送供使就是新罗国遣使往五台山送供的历史记录。画面上的使者背对五台山，即将进入殿内，应是新罗使臣从五台山返回的途中。"使庄"可能是因接待东来西往的各国和各地往五台山的使者而得名，"新荣之店"则更有可能是该庄一处能够接待使臣的客店。

远道深辙

陆路交通的进步

四

华夏先民在进入文明社会之初，从资源开发到制造和使用各类水陆交通工具，就已经初具规模。夏朝开始，随着国家的形成，中国社会的总体交通体系得以形成，而且在《史记·夏本纪》中有明确记载："陆行乘车，水行乘船，泥行乘橇，山行乘樏；左准绳，右规矩，载四时，以开九州，通九道，陂九泽，度九山。"经过殷商时期的进一步发展，到西周时期，中国已经有了四通八达的水陆交通网和高水准的畜驭车载交通运输能力。

陆路上的车主要是马车，从出土的商周车马坑及先秦文献的记载来看，当时的马车已十分完备。也正是由于有了发达的交通条件，国家建立了以车兵为主的军队，中国的疆域也随着交通的进步向四周拓展。随着交通工具不断改进，马车的形制已开始由轭靷系驾的独辀车向胸带式系驾的双辕车过渡。骑乘大规模普及，鞍具的使用不仅推动了骑兵的产生与发展，也为人们提供了快捷的交通工具，肩舆和木板船也在此时相继出现。春秋战国时期的水陆交通网、交通工具的使用及紧张繁忙的交通盛况，为中国古代交通发展奠定了坚实的基础。

车是陆上主要的交通运输工具，它的出现是人类文明和进步的重要标志。中国是世界上最早制造和使用车的国家之一，其历史可追溯到新石器时代晚期。与中国踏入文明社会同时，就有夏人奚仲发明车的传说，"见飞蓬转而知为车"一语形象地总结了中国车的创制过程。先秦到秦汉，中国车经历了从独辀车向双辕车的变革，一直到近代在机械动力使用之前，畜力车及人力车都是双辕双轮车。当然，车辕的长短、车轮的大小以及车的外形装饰，随着人们的需要而不断发展变化，每一时代都有所不同，但基本结构仍然是双辕双轮。同时，在中国古代也出现过多轮车，但它基本上是人力车，最早被称为辇车，四轮或多轮，无马、牛驾驭设施，而由多人推拉，因此又称挽车。这种车一般车轮较小，甚至有一些车轮形同轵辘，故又有"辘车"之名。后来的史书上还有帝王"造四轮车"的记载。多轮辇车的规模可小可大，小到一人推拉，大到数十人手拉肩挽。这种车可以载人运物，也可作为仪仗陈设。

敦煌石窟北魏至元朝的五十多个洞窟壁画中，共出现一百六十多幅车的图像。其种类有马车、牛车、鹿车、羊车、骆驼车、栏车（又称育婴车、小儿车等）、宝幢车（多轮车）、人力车、独轮车以及神话传说中的神车等。车型除神车、栏车及宝幢车外，绝大多数为单一的双辕双轮车，只是车舆构造与装饰有所区别。同时，在隋唐壁画中也出现个别独辀马车。这些车的图像出现在各种经变故事画或供养人画中，特别是各时期的供养人画中有一定数量的马车和牛车，反映了公元 5 至 10 世纪中原地区车的制造和使用历史的面貌。

第一节　车马载驰

据传中国最早制造和使用的车是夏禹治水时"陆路乘车"，当时有专司车旅交通和车辆制造的"车正"一职。至于中国现存最早最完整的车实物形象，是河南省安阳殷墟发掘的二十多个商代车马坑。从这些遗迹看，当时车的形制已十分完备。先秦时期的车基本为独辀形，即单辕、双轮，驾车之马有二、三、四、六匹不等，其中以四马驾车最为普遍。《说文解字·车部》段玉载注："非奚仲始造车也，……盖奚仲时车制始备，合乎勾股曲直之法。"从此段记载中可以看出，至少在东汉以前就已经有了系统、完整、具体、详细记载车的制造和使用的文献资料。先秦时期，以西安为中心的北方地区发现的商、周车马坑，可与文献记载相互印证。西安秦始皇陵出土的铜车马，可视为先秦马车的巅峰之作。考古资料显示，大约在战国晚期，就出现了单马驾驭的双辕双轮车，并逐渐被推广使用。秦汉之际，独辀车与双辕车曾并存。到了西汉后期，由于双辕车容易驾驭且载重量大，独辀车被双辕车取代。此后一直到近代，中国马车的基本结构仍然是双辕双轮形。

马车是我国古代交通运输史上的主要运载工具，在敦煌壁画中也是以主要的运载工具出现的。敦煌壁画中出现了三十多辆马车，主要为安车和辂车，包括个别独辀马车。另有行李车（辎重车）等。中国历史上马车的制造和使用在汉代的基础上没有大的发展和演变，只是系驾方式逐渐由汉代的"胸带式系驾法"改为"鞍套式系驾法"，而车舆的形式因不同的用途而异。大概是因为道路状况的限制，包括马车在内的所有车辆都只是短途运输工具。因此，敦煌壁画中的马车图像，进一步证实了文字的记载，而其所绘独辀马车则是画工对上古马车的追忆。

画中马车绘制于公元 500 年前后的北魏时期，是九色鹿故事中的一个画面。故事讲九色鹿救起了溺水之人，而溺水之人却恩将仇报，

为了钱财带领国王、王后等人前来捕捉九色鹿的情景。画中，国王和王后在负心人的带领下同乘一辆马车前往围猎九色鹿。壁画中绘制的这辆车为安车，双辕双轮，单马驾驭，车篷为全封闭式，圆弓形顶盖（图39）。这是敦煌壁画中最早出现的马车壁画，马行进的姿态非常高雅，表现出王家车乘的高贵之气，车的造型也十分精巧别致。可能是由于要进山狩猎的原因，车篷的装饰并不繁杂。

佛祖释迦牟尼出生时，天降三十二祥瑞，其中之一就是"神授宝车"，即天神送来宝车。画面绘制于公元 580 年前后北周晚期。"神授宝车"为双辕双轮，车体两扶栏较高，车顶安置伞盖，为单马驾驭

图40 莫高窟第290窟窟顶东坡 神送宝车 北周

之辂车，即一马驾的轻便车，车内无人乘坐，后部两边各挂一面牙旗。此车虽系"神"送，但图中所绘却是一辆马驾辂车，与我们后面看到的"神车"有很大不同，而与现实中的马车比较接近（图40）。北周以后，神仙车、神授车及王公贵族乘坐的车均为辂车，而普通人所乘用者均为安车。安车是古代可坐乘的小车，古车一般为立乘，而此车为坐乘，故称安车，供年老的高级官员及贵妇人乘用，安车多用一马，礼尊者则用四马。

佛祖释迦牟尼涅槃之后，按佛教的仪轨对其遗体进行了火化，火化后形成了舍利子，被视为当成佛教的圣物。印度的八国国王都来分舍利，并在印度各地起塔供养。画中马车绘于公元767年前后，这是某位参与分佛舍利的国王乘坐的四马驾车（图41）。车舆为箱形

图41 莫高窟第148窟 西壁 独辕四驾马车 盛唐

辌车，中竖伞幢，后挂牙旗，另有骑马的陪同官员及步行的驭手、卫士数人。车辕为独辕，这是先秦时期的独辕车，为敦煌壁画中仅有的两辆独辕车之一。这种车当时在中国已绝迹近8个世纪，在东汉以后的资料中极为罕见。画家在这里可能是有意要表现佛涅槃时代的车，即春秋时期的车，也可能是隋朝画家为更好地表达佛教内容，追绘佛陀时代的古车。这架独辕车画面清晰且保存完好，说明这种车亦有可能在当时还被使用。

第二节　福田驼车

被称为"沙漠之舟"的骆驼，其特殊价值早在先秦时期就为人们所熟知，并加以开发利用。秦汉以后，随着西北丝绸之路的开通，骆驼的足迹遍及大漠戈壁。它不仅可用来骑乘驮运，也可以驾车行旅，并且在沙漠中比其他牲畜更具耐力。在敦煌，骆驼甚至还像牛马一样从事农耕。骆驼车大概是为彰显统治者的威严和满足老弱妇孺的特殊需要应运而生的，成为具有大漠戈壁特色的交通运输工具，且长期在西北地区使用。骆驼作为乘骑，特别是作为驮运工具，在敦煌壁画中表现较多，自北朝至宋各个时期都有。而有骆驼车的壁画则只出现了两幅，是在公元6世纪后期的北周和隋初的洞窟当中，具体表现在佛教提倡的公益事业中。

北周时期壁画中有许多表现社会生产、生活的画面，《井饮图》是其中之一，卸套的驼车是《井饮图》的一部分。卸去驾系的骆驼昂首卧地，旁立身着深色衣服者当为驭手。穿浅色衣服者为水井主人，正在吊取井水。骆驼身后的车是一辆结构比较简单的大轮栈车，无遮帘的庐篷式车内端坐一人（图42），整个画面生活气息浓厚。

公元583年前后开凿的隋初洞窟中，有全面反映水陆交通的壁画一幅，驼车过桥是其中情节之一。此车为单驼驾驭之双辕双轮栈车，车舆前圆后方，无遮帘，一人端坐其中。驾辕的骆驼高抬右前蹄，左后蹄蹬地，奋力登上小桥（图43）。画面上不见驭手，驼前桥下双手

图 42　莫高窟第 296 窟　窟顶北坡　骆驼车　北周

图 43　莫高窟第 302 窟窟顶人字坡　骆驼车过桥　隋

执罐的人则是该画面的另一情节中的人物。

　　从画面上看，两辆骆驼车都是载人的，两辆车的结构也都比较简单。双轮双辕，车厢为卷棚形，仅容一人坐卧，前后有围帘。这两幅骆驼车出现的历史背景应为北周时期，此前因佛教伪滥给社会带来弊端而受到周武帝毁灭性的打击，佛教界为此采取一些有利于社会福利的措施以求得生存和发展，于是出现了所谓佛教已进入"末法时代"而需要面向社会"普法"的三阶教。这类反映三阶教向广大民众"广种福田"的佛经也传到敦煌，莫高窟壁画上随即出现了表现各类社会生活场景中佛教普度众生的画面。而这两幅骆驼车都出现在此类壁画中，能确切反映当时敦煌地区社会生活情况，因此弥足珍贵。

第三节　人力自度

除了马车、骆驼车之外，敦煌壁画中还有一些无牲畜拖动的大轮车，分柴车型和辂车型两种。从形式上看，这类车既有马车，也有牛车，而无牛马时则使用人力，即由人拉。如北周、隋及五代一些佛教故事壁画中的场景，如在莫高窟第428窟的壁画中，马被布施后便改由人拉拽。也就是说，这类车同时又可作人力车。

绘于公元570年前后的北周时期的壁画中，描绘了古印度须达拏太子因乐善好施，致使国内至宝流入敌邦，被其父王放逐深山修行的故事。在他与妻儿同赴深山途中，又渐次将马、车、衣物等施舍殆尽。

壁画中共绘了三辆车来表现这一情节：一是最初太子驱赶着太子妃及二子所乘坐的单马驾车前往山中，途中遇到一人向太子索要马匹，太子遂将驾车之马施舍给了这个人，此人乘马而去；二是施马之后，太子自驾双辕拉车，太子妃在车后帮推，二子乘坐，此时又有人来向太子讨车；三是讨车者受施后，自驾双辕拉车而去（图 44）。三幅画表现的是同一辆车，所以车的造型都是一样的，双辕双轮，高栏车舆，上置伞幢，属轺车型。

同样，在公元 10 世纪的绘画中也表现过太子施马后亲自拉车的情节。这辆人力车双辕、大轮、低栏，中竖伞幢，后挂牙旗，属轺车型，须达孥太子正驾双辕行进（图 45）。此时壁画已经更为真实精准地描绘出人力车的具体构造，是一幅比北朝时期同类画面更能反映现实的人力车图。

图45　莫高窟第454窟　南壁　大轮人力车　五代

第四节　牛车梵史

　　牛车在敦煌壁画中出现的数量最多，形象也最丰富。在北周至宋朝的三十多个洞窟中共出现五十多辆，均为双辕双轮结构，由单牛拖动。从车舆的构造、装饰，可分为如下四种类型：供人乘坐的豪华型、供人乘坐的普通型、运送货物的柴车、运送灵柩的丧车。此外，还有佛经中所说的"三乘"中的牛车。

　　牛车在中国起源也很早，大概与马车一样古老，牛的驯养早在

四

远道深辙

陆路交通的进步

新石器时代就开始了，只是春秋以前牛车的资料罕见。陕西凤翔出土的陶塑双辕牛车，是中国最早的牛车物证。秦汉以来，尽管牛车的种类有所增加，但基本上只作为粮草货物的运送工具，当时称"柴车"。牛车用于载人，大约开始于西汉初年，当时战乱频繁，马匹急剧减少，牛车在继续运送货物的同时也成为人们出行代步的工具之一。东汉末年，牛车成为上自天子下到平民百姓普遍乘坐的交通工具。魏晋至隋唐时期，是牛拉栈车的鼎盛时期。因为牛车的速度慢且比较平稳，所以开始多用作丧车。东晋时期，由于江左一带牛多马少，牛被广泛用于驾车。南北朝以来，牛车成为皇亲国戚、豪门贵族、达官显贵们的出行工具，并有了等级区别，如北朝皇帝乘坐的大楼辇"驾牛十二"，这也说明中国北方与南方一样广泛使用牛车。为适应不同阶层的乘坐需要，这类栈车的厢舆不断增大，内部设施更加舒适，外部装饰也更加华丽，其特点是用竹、木、布、绸做的卷棚前后出檐，外加方形伞盖撑架，顶部四周挂帷幔。

1. 丧车示寂

莫高窟壁画中，牛车最早出现于公元 6 世纪后期的北周壁画，最

图46　莫高窟第290窟　窟顶西坡　丧车　北周

先见于壁画的牛车为丧车。这辆牛车出现在描绘佛祖一生事迹的故事画当中，该图表现了佛祖释迦牟尼寂灭后送葬的情节（图46）。这辆车为双辕双轮、单牛驾驭，平板车舆上置佛灵柩，前后顶竖人字形伞盖。牛驾丧车在中国南北朝时期比较普遍，直至隋代壁画中的丧车都与此大体相同。

2. 栅车安养

在北朝、隋朝和唐朝前期的敦煌壁画里，牛车较多地与其主人，也就是洞窟主人的供养人画在一起。这些供养人一般都是当时当地的贵族，同他们画在一起的牛车都是卷棚的栈车，其中有一个突出的特点，就是北朝时期的牛车有施幰撑架，而隋唐时期则无施幰。这些画面证明，北朝时期贵族们乘用牛车享乐这一风气曾在敦煌流行。而北朝时期敦煌壁画中的供养人牛车，正是这一历史现象的真实写照。

图47 西千佛洞第7窟 车舆
供养人牛车 西魏—北周

　　敦煌壁画中最早的牛车图像是作为乘用工具的牛车，从公元6世纪中期的西魏、北周之际开始就出现在供养人画中。画中供养人像列中有一辆大轮、双辕、正方形车舆及长方圆弓形顶盖的牛车，车舆四周为全封闭式，属安车型。值得注意的是，这辆车的车舆周围及车顶上另设有支架和重顶盖（图47），可能是用以"施幰"者。我们只是在史书中读到南北朝时期有施幰牛车，但未曾看到过实物或图像，而敦煌出现大量通幰牛车也是在唐朝中期以后的事。因此，这幅牛车图具有一定的史料价值。

　　隋朝以后的供养人牛车，车型基本与北朝时期相同。画中的供

图48 莫高窟第62窟 东壁 供养人牛车 隋

图49 莫高窟第431窟西壁 供养人牛车 初唐

养人牛车，弓形顶，正方形箱舆，四周全封闭式，有门窗可供出入和瞭望（图 48）。同类型的车有陕西省出土的唐三彩实物，其车舆的四屏有帘布，也有木板。我们通过线描图对这些牛车进行了更仔细的分析，还可以用隋唐墓葬出土的陶牛车和三彩牛车与壁画进行比较和对照。

盛唐时期（公元 8 世纪前期）的供养人牛车图像，车舆前后长，圆券形大棚顶盖，四周为全封闭式，设门窗，如图 49，陕西出土的唐三彩中也有类似的作品。

3. 净土柴车

牛车作为柴车，大量出现在唐代以来绘制的壁画当中。佛经中称，在释迦牟尼佛祖寂灭五十六亿七千万年之后，未来佛弥勒佛就会降世来主持现实世界。这时，整个世界的景象异常美好，人的寿命将达到八万四千岁，女子到了五百岁才出嫁，树上自然生产寒暑所需衣物，而地里的庄稼种一次可以收七次。这里牛车就出现在壁画中，成为农家运送粮草使用的柴车（图 50），表现未来佛国世界"一种七收"的情节，这类牛车双轮双辕，而且是大轮长辕、低栏车舆。

图50 莫高窟第148窟 南壁
运柴人车 盛唐

牛驾柴车是古代一般农家所使用的运载工具，在敦煌壁画中共出现6辆，均在唐中晚期，表现佛经中所描述的未来弥勒世界中"一种七收"的情景。这种车的构造较简单，双轮双辕，车舆由底板和低车栏构成。这样的货物运输牛车在唐朝的墓葬壁画中也出现过，与唐朝敦煌壁画中的形象相比似乎并无多大变化。作为普通农家使用的运载工具，牛驾柴车在当时似乎被普遍使用。

4. 三车同途

佛经中说，古印度有一位长者，拥有一座大宅院，但宅院四周燃火，猛兽出没，恶鬼横行。长者的孩子们在院子中嬉戏玩耍，浑然不知身边的危险。长者在门外呼叫，让孩子们离开危险的宅院，但孩子们根本不理会。这时，长者拉来牛车、鹿车、羊车，说只要孩子们肯出来，就把这三辆车送给他们。于是，孩子们高高兴兴地从宅院中跑出来，坐着这三辆车远离了危险。这是一个比喻故事，将现实世界比喻成危险重重的宅院，芸芸众生就是身处险恶而浑然不觉的孩子们，而佛祖就是故事中的长者。这个故事是为了说明，佛祖为了度化众生，会根据众生的特点采取不同的方法。故事中坐牛车走的是佛道，坐鹿车走的是菩萨道，而坐羊车走的是罗汉道，这三种车就是佛教所说的"三乘"。之后，所有的人都会走上佛道，最后成佛，也就是"三乘归一"。自隋朝以来，这一故事情节出现在壁画中，自隋至宋，数百年来，一直延续不绝。

牛车一般供人乘坐，羊车、鹿车作为小型车，也曾在中国古代被制造和使用。史书中有晋武帝常乘羊车入后宫，刘毅等乘羊车请免官罪（推测是用以表示要像羊一样驯服）的记载。使用鹿车的记载则更多一些，它是"无牛马而能行者，独一人所致耳，偃卧无忧"的"乐车"。史载赵嘉曾"扶它载韩仲伯妻以突出赤眉军重围"，杜林"身推鹿车载致弟丧"，鲍宣妻桓氏"挽鹿车归乡里"以明勤俭之志等。在壁画中，牛车、羊车和鹿车都是玩具车，用以诱劝"愚痴者"出"火宅"。随着交通的发达，羊车和鹿车这些载重量极小或仅供一人在平坦处和极短途内乘用的出行工具，已成为历史。我们今天还能够在敦煌壁画中看到它们的形象，这一点是很值得庆幸的。

敦煌壁画"三乘"中的牛车也基本为安车型，正方形车舆，大顶盖，但车舆的装饰却同供养人所乘安车有很大区别，为施幰车。如前所述，它是中国古代高级贵族的代步工具，分为两面挂帷幔的偏辀牛车和四面挂帷幔的通辀牛车，其中豪华型通辀牛车在我国出现得比较早。但在敦煌壁画中，"三乘"中的牛车则主要是通辀牛车，也有少量不施幰的安车。羊车和鹿车分安车、通辀车和柴车几类，其结构与牛车相同，只是在画面上显得小巧玲珑。一些画中的三乘均为圆顶安车，前后一排，但次序为牛车、鹿车、羊车，而且鹿和羊都绘成白色，同时三车的蓝色调在外部装饰上有一定的特点（图51）。

敦煌壁画中的通辀牛车图，是反映我国古代造车、用车的宝贵图像（图52）。画中的这辆通辀牛车，是一辆安车型通辀车，车辆的结构造型准确、合理，装饰富丽堂皇，是这类车中的代表作品。

图51 莫高窟第98窟 南壁 牛车、羊车与鹿车 五代

图52 榆林窟第61窟 窟顶
通轭牛车 五代

图 53　莫高窟第 55 窟　窟顶南坡　牛车、羊车与鹿车全图　宋

　　绘制于 962 年前后的通辀车三乘（图 53），均为安车，任何一辆车舆的造型和装饰丝毫不比上述的通辀牛车逊色，其中牛车的车篷还是用竹篾编织而成。画中的三乘及通辀牛车，已经比较全面地反映了中国古代通辀车的面貌。

　　表现大乘佛道的壁画中交通工具一般都以牛车表现。西夏时期所绘的"炽盛光佛"所乘大轮车为辀车型，伞幢、牙旗等装饰极为华丽，是所有敦煌石窟车图像中最具规模的大车。由前幅炽盛光佛所乘为牛车，由此可推测，此车原亦为牛驾辀车。

5. 多轮宝幢

大约在周朝，中国就出现了人力多轮车，最初被称为辇车，有四轮或多轮，无牛、马驾系设施，由多人推拉而行，因此又称挽车。这种车一般车轮较小，甚至有一些车轮形同轱辘，故又有"辘车"之名。秦汉时期，辇车逐渐成为帝王将相及达官显贵参加祭祀或盛典时的代步工具。此外，历代还使用一种专门用于仪仗陈设的辂车，后来的史籍中曾有"王莽造四轮车"的记载，三国时诸葛亮所造"流马"也被认为是小四轮车。从实物和记载看，多轮辇车的规模可小可大，小到一人推拉，大到数十人手拉肩挽，可以载人运物，亦可作为仪仗陈设。南北朝以后，多轮车的制造和使用不见于历史记载，但推测作为一种农业生产工具或简单的运输工具，在中国长江南北的广大平原地区一直被使用。现代意义上的四轮车在中国普遍出现，则是近代西方科学技术传入以后的事。

在敦煌壁画中，公元 6 世纪前期就出现了两辆四轮神车图像，是由神兽拖拽的无辕车，即绘制于 539 年前后的西魏四轮狮车与四轮凤车，它们也是敦煌壁画最早出现的神车，因此可视做祭祀或盛典用

图54　莫高窟第61窟甬道　南壁　大轮车　西夏

车。公元 8 至 10 世纪，大量四轮车、六轮车以反映佛经中的宝幢车的形式出现，表现国王向弥勒佛供奉的"宝台"或婆罗门拆毁"宝台"的内容。据佛经记载，弥勒降世后，为儴佉王、王妃及随从说法，儴佉王将一宝台送给弥勒佛，此"七宝台，举高千丈，千头、千轮，广六十丈"。弥勒佛一时间生怜悯之心，将宝台转施给一些不信佛的婆罗门。谁知婆罗门们执迷不悟、贪欲横生，转眼就将七宝台拆得七零八落。壁画中的宝台有正在拆毁中的，也有尚未拆毁的，但基本上都绘成楼阁或塔楼形，塔楼形一般在顶上又绘有伞幢，因此又称"宝幢"，加上底部的"千轮"，一般称此为"宝幢车"。这些"宝车"的底部并不是"千轮"，而是按照车的原理和构造分别绘成六轮（单排前后三轮）

和四轮（单排前后两轮），车轮较其他车辆小，塔、楼等置于低围栏榻辇式车舆上。很明显，画家们对"宝幢"下面车的形式把握是很准确的，有塔楼者可视其为仪仗车。如果除去上部的塔楼，仅留下部就是比较完整的四轮或六轮辇车，即古代平原地区用于民间的简易柴车，而古代敦煌地区也属平原，也可以使用这种车，这就使壁画上的多轮车有了历史依据。

　　画中为唐代的宝幢车，为辇车型，车轮较小。此车绘于盛唐时期，上部为圆形宝幢，下方有大轮，且引人注目。婆罗门们正在拆卸宝物（图 55）。

　　画中四轮宝幢车绘于中唐时期，上部为一座两层楼阁，婆罗门们

图56　榆林窟第 25 窟　北壁　四轮宝辇车　中唐

拆毁宝幢的画面与建筑施工中拆楼的场景颇为相似。楼阁下层仍然完好，上层的屋顶已经拆除，仅剩下柱子和部分梁枋。从已拆除的二层楼面上，可以看见有一人正从一层楼梯上至二层，楼梯口开在二层楼面的中间。敦煌壁画中室内楼梯的描绘十分罕见，图中画家采用透视法画出了车轮，而且有意突出下方车的部位（图56）。

　　同为中唐时期的六轮宝幢上部是一座上圆下方（天圆地方）的三重楼阁，无论作为一辆车还是作为一座建筑物，都很有特色（图

图 57 | 莫高窟第 360 窟 南壁
六轮宝幢车 中唐

57）。可见，此时宝幢车的上部构造逐渐变得精细复杂。

　　总体上，从 8 世纪至 10 世纪的宝幢车图像看，宝幢由两层增至三层，而且越是后来的宝幢画得越高大，使下部车的部分越来越不突出。将画中属于中唐和五代的两辆宝幢车相比较，可明显看到这一点。前一辆车上部仅有两层，各种零件四散在车上和地面，下部车体显得较大。后一辆车的上部由三层组成，显得宝幢部分非常高大（图 58、59）。

图58　莫高窟第231窟　　北壁　　宝幢车　　中唐

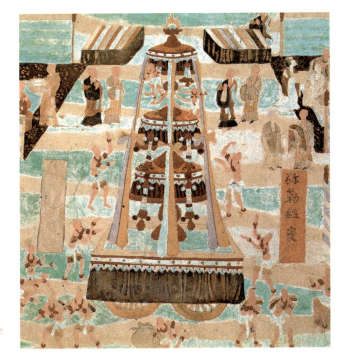

图59 莫高窟第98窟 南壁
宝幢车 五代

6. 篮车椎子

婴儿车又称篮车，供婴幼儿乘坐和睡觉用。在中国明清以前的文献中，没有发现有关小儿车的记载。此车起源于何时，尚无确切记载，也未见专门的研究成果。隋唐时期辑成的中国佛典（后世佛教徒称其为"伪经"）《报父母恩重经》在叙述父母对子女的养育之恩时，曾几次提到育婴用的"篮车"。出现在《报父母恩重经变画》里的篮车，如在一些绢画中，则"栏车"实际上被绘成"篮"或无盖的箱，为不设车轮的篮、舆类型。敦煌壁画中唯一一辆有轮的小儿车，即可称作

图 60　莫高窟第 156 窟　前室顶　小儿车　中唐

车的"栏车"。

画中（图 60）的婴儿车绘制于公元 865 年前后，四只小轮（轱辘）支撑着一架四面围遮的篮舆。在古代的记载中，这种车又被称为"辘车"。有专家认为，三国时诸葛亮所造"流马"即这种安装有四个轱辘的木制车。另外，尽管是"辘车"，但这辆小儿车也算得上是中国历史上四轮车形。婴儿熟睡在小儿车中，篮舆前部设有可以折叠的伞盖，后部设有扶手，一青年妇人双手扶车作缓缓行走状。从壁画上看，这辆小儿车的构造和装饰，即使同现代最豪华的同类车相比也毫不逊色。

與轎尊乘

贵族的出行工具

　　舆、辇是一类特殊的代步工具，也是车的一种。与牛车、马车不同的是，舆辇多由人力扛抬或拉挽运行。扛抬者为舆，拉挽者为辇。肩舆又因乘坐者"状如桥，中空离地"而称为"桥"，而桥与"轿"古时相通，舆又属车类，"隘道舆车"，故而以轿代桥，并"舆轿"并用。从传说中的夏代到近代，舆轿一直在中国使用。后世还有"担子""兜笼"等各种名称，帝王乘坐的还专有御用名称"步辇"。

　　各个历史时期的敦煌石窟壁画中，舆轿作为一种特殊的交通工具被长期描绘。在壁画中，为表现有关佛教的内容，出现了一些舆辇图像。这些舆辇图像大致可分为人力舆轿（肩舆）和畜力辇舆两类，前者如亭屋式肩舆、箱榻式肩舆、龛帐式神舆、枢辇、椅式以及豪华舆轿等，后者如象舆（辇）、马舆等，时间在公元6世纪至10世纪之间。这些舆辇出自表现佛教内容以及历史人物、供养人的壁画中，涉及内容比较广泛。乘坐辇舆者有的是神，也有的是当时现实生活中的人。

舆辇的装饰从普通到豪华，各显风采。但无论如何，这些图像向我们展示了它所处的那个时代的中国舆轿的使用、演变情况，以及社会制度、风土民情等一系列相关内容，是十分珍贵的历史资料。

第一节　肩舆风情

一般说来，舆轿是一种有独特代步作用的交通工具，它的独特之处就是全部使用人力扛抬，因此又称为"肩舆"。从形式上，舆轿可分为亭屋式、箱榻式、椅式等。它在中国起源也很早，司马迁《史记》中就有夏禹治水时"山路乘轿"的记载，可见轿子最初是为了适应不便轮车行走的山道而产生的。由史书记载可知，亭屋式肩舆早在春秋时期的吴国已开始使用，除了有代步功能外，有时也作礼仪之用。现存最早的舆轿实物为在河南固始县春秋墓中发现的三乘木质舆轿。"舆轿"一词最早见于《汉书》。秦汉至魏晋南北朝时期，舆轿逐渐被普遍使用，上自帝王、下到平民百姓都留下了乘用舆轿的记载。历史上关于"舆轿而隃岭""隧道舆车"等记载和称谓，明确地指出了舆轿的使用范围与功能。舆辇形制多种多样，有平肩舆、板舆、栏榻式步辇等。

唐朝乘轿之风盛行，舆轿种类繁多，抬的方法也有手提杠、杠上肩及肩挂系带等多种形式。这个时期的舆轿，已不是单纯的代步工具，而是乘坐者尊贵身份的象征。因为在唐朝，乘坐舆轿原本作为一种礼制在皇室施行，但由于民间妇女乘轿之风盛行，朝廷在屡禁不止的情况下颁布了一系列乘轿的等级制度，规定一、二品及中书门下三品官的母、妻所乘轿用全铜装饰，轿夫八人；三品官轿夫六人；四、五品官轿夫四人；六品官以下以及百姓轿夫四人。同时，唐后期又允许朝中百官及致仕官、患病官员乘轿。敦煌壁画中的肩舆，多为亭屋式肩舆，出现于唐朝中期以后，基本都是按照唐朝制定的等级标准绘制的，反映的也多为当时乘坐舆轿的等级区别。轿夫有八人、六人和四人三类，舆室也是六角亭和四角亭两种，其装饰从底座到顶盖都十分华丽和精巧。

1. 帐式神舆

莫高窟第 323 窟绘有敦煌石窟现存最早的一幅辇舆图像，底座为榻辇式，舆身为方顶帐形。这种帐形轿即《西京杂记》所载汉武帝用来"居神"与"自居"的"帐"，是来自人间的一种居处形式，也

图61 敦煌莫第323窟 南壁
六抬帐式神舆 唐

就是帐形神龛。图61所绘的是敦煌壁画中最早出现的肩舆形象，表现隋文帝时天下大旱，高僧昙延法师应隋文帝杨坚之邀，乘肩舆入京求雨。画中昙延法师所乘肩舆轿为四角帐式厂形（无壁屋），顶部放置一圆状宝珠形物，由前后左右轿夫共六人肩扛运行（舆底两杆前后各二人，左右两边各一人），旁有榜题书"昙延法师入朝时"字样。六抬肩舆图像在整个敦煌壁画中也仅此一见，说明当时可能还未受到等级制度的影响。

图 62 莫高窟第 202 窟 西壁 四抬肩轿 中唐

2. 四抬肩舆

四抬肩舆（图 62）分别出现于 9-10 世纪绘制的莫高窟壁画中，舆型基本为四角亭式。佛经中说，弥勒佛降生的时候与释迦牟尼佛祖一模一样，也是生于园中，并从母亲的右腋下诞生。这种四抬肩舆多为表现佛母摩耶夫人于园中生下佛祖后回宫的情节，但这些四抬肩舆轿所反映的实际上是当时本地中下层百姓的生活场景，而佛母摩耶夫人所乘肩舆似乎与唐代朝廷所定乘轿等级制度无关。而且，佛母所乘肩舆轿，不论四抬还是八抬，外表装饰都远不及《出行图》中的贵夫

图 63　莫高窟第 146 窟　西壁　网抬轿　五代

人们所乘的豪华，甚至不及敦煌地区一般的贵族女供养人所乘的豪华。

　　在我国古代，不同的宗教为了争取更多的信众，布道者有时会采用斗法的形式，比试法力的高下。在这些斗法场面中，以根据《降魔变文》绘制的劳度叉斗圣变最为精彩，故事讲：古印度舍卫国大臣须达以黄金铺地的价格购得祇陀太子的园地建立精舍，请佛说法。但六师外道依仗国王权势反对，提出与佛斗法，以胜负决定是否建立精舍。外道劳度叉出面，佛弟子舍利弗应战。斗法期间，劳度叉先后变成宝山、宝池、毒龙、白牛、大树等，又使魔女以美色诱惑舍利弗；舍利弗以金刚击宝山、白象踏宝池、金翅鸟啄毒龙、狮王咬白牛等破劳度叉之变，最后制服魔女，拔起大树，摧倒劳度叉坐帐，迫使外道皈依佛教，画中的两乘轿子就出现在这次斗法的场面中。两乘四抬轿子，舆型为六角亭形，但舆体大小及底部的装饰各有不同。前乘较小，底部垂帷幔，后乘较大，底部无帷幔装饰；其左侧还有象舆两乘，与肩舆形成一支抬运和驮运队伍，推测可能是表现长者须达动身迎请佛弟子舍利弗尊者的途中情节（图 63）。

3. 亭屋肩舆

亭屋式肩舆是中国出现最早、使用时间最长的一种肩舆类型，秦汉以后历代沿袭，使用不衰。此类肩舆在敦煌舆辇壁画中数量最多，但基本都出现在唐代定制以后，分四抬与八抬两类。佛教故事画中抬运佛头及历史人物中的一品夫人所乘为八抬，而佛母摩耶夫人所乘有八抬，也有四抬。画中（图 64）是绘于公元 867 年的一幅歇山顶两面坡屋式肩舆，屋舆四周挂有彩幔，有轿夫八人，前有二人执伞幢引路，后有六人手捧衣物器用等。其内容为表现释迦牟尼诞生于园中树下后，佛母摩耶夫人被抬送回宫的场面。

在佛教传说中，公元 435 年，圣僧刘萨诃曾路经凉州。他预言凉州番和县的山峰中将来会自然出现一尊佛像，如果佛像缺头则天下

图65 莫高窟第72窟 北壁 八抬屋式舆轿 五代

图64 莫高窟第85窟 窟顶南坡 屋式八抬屋舆 晚唐

图66　莫高窟第148窟　西壁　十抬柩辇　盛唐

大乱，如果佛像首尾完好则天下太平。画中就是这个故事的一个情节，是说天下太平时发现了佛头，于是将佛头运送到仰容山，并安放到佛颈之上。抬运佛头的舆轿，为歇山顶两面坡屋式肩舆，有轿夫八人，前面还有乐队，只是舆身部分的装饰比较简单（图65）。

4. 华盖柩辇

壁画中运送佛祖遗体灵柩的柩辇，也是由人力抬运的，虽然多为八抬，但有的画中扛辇者最少也有十人。画中运送佛祖释迦牟尼灵柩的工具，是一座长方形的台榭式豪华榻辇（图66），辇四角竖杆撑起盝顶帐形华盖，四周挂彩绸花色垂幔。辇中置灵柩，辇底部两杆前后

图67　榆林窟第61窟　壁画　四抬枢辇　五代

伸出，每根伸出的抬杆压于两位轿夫肩头，左右两边还有二人用肩扛住辇底，共计抬辇者十人。抬辇者们虽然身挂彩色飘带的"仙女"或"仙童"装束，但他们的脚上都穿着履屐，有些像长行的脚夫，这显然是画工们创作中对现实生活的反映。此画也绘制于唐代定制乘辇制度以后，但它不仅在形制上同于帝王乘坐之步辇，而且在使用辇夫人数方面也达到或超过了帝王的使用级别。

画中（图67）为公元10世纪前期绘制的抬运佛祖释迦牟尼遗体的四人抬枢辇，在长方形榻辇设盝顶帐形华盖，四周悬挂黑白两色相间的挽幛，遗体安放于辇上，前后共有轿夫四人及随从多人。值得注意的是，在枢輦顶上立着一只公鸡。在佛教中，鸡被视为西方祥禽，在西方颇梨山誓愿窟中修持。民间又称其为引魂鸡，车上立鸡正寓意把亡灵引向西方。

5. 椅轿古俗

根据史书记载，在唐朝以前，不论何种形制、等级和形式的舆轿，轿杠都设在轿舆底部，舆座均为单一的榻輦式，乘轿者盘腿"席地而坐"。宋朝家具变革以后，舆轿才改变为今天这种置轿杠于轿舆中下部、乘轿者可倚靠而坐的形式，俗称"椅轿"。然而，我们在公元9世纪后期的唐朝出行图和10世纪初期的唐朝壁画中，看到了轿杆安置于轿身中下部的豪华肩舆。可惜，画面上无法显示轿厢的内部结构，只能从轿杆的位置上，推测它可能是立轿（因轿身较高，乘轿者可站立其中）或椅轿。

实际上，早于此前两百五十多年，这种形式的轿舆就已经出现了。近年发掘的唐昭陵新城长公主墓壁画中就绘有一幅舆轿图，轿舆为悬山顶式两面坡屋宇，轿杆置于轿身上部。只是轿夫为四人，与长公主身份及唐朝规定不合。可能因为这幅壁画的制作时间是公元633年，

图 69　莫高窟 9 窟　南壁　四抬豪华六角椅轿　晚唐

当时初步使用舆轿（担子），尚无定型。画面上也看不到轿厢的内部结构，而只是从轿杆的位置上，推测它可能是立轿或椅轿。如果是后者，那么这副轿杠置于轿身上部的担子或可视作后代椅轿的前身，而敦煌壁画中的椅轿是它的进一步完善。唐朝就出现椅轿图像这一事实，使我们重新认识了中国舆轿的制造和使用历史。

绘于公元 9 世纪晚期的出行图，画中有供主人乘用的三车两轿，两乘轿均为六角形，装饰豪华，而且轿杆置于轿身中部，是典型的椅轿。因画面残缺，我们只能通过图68中的一乘的线描图来进行识别。

绘于稍晚的公元9世纪末的一乘六角形象华肩舆，轿夫四人，轿身四面全封闭，看不清乘坐者的姿势，但轿杆置于轿身中下部，由此可推断为椅轿（图69）。

第二节　象舆榻辇

敦煌壁画中最早出现的辇舆是象舆，而且从公元6世纪到10世纪的各时代洞窟壁画中都有绘制。象舆的形象，即将辇舆安置于象背上供人乘坐，舆坐（室）有低栏榻辇挂伞幢（轺车车舆）式、厢式和亭屋等形式，舆身底部与鞍具衔接。严格来说，象舆并不是我们一般概念中的辇舆。比如在唐朝及其以后的敦煌壁画中，绘制有大量的文殊菩萨和普贤菩萨乘坐的神狮和宝象，背上安置莲花座或须弥座榻辇，上竖伞幢，分别有狮奴和象奴牵行的场景。这类狮辇和象辇虽然也属于与辇舆相关的乘运工具，但它所载运者为佛界尊神，与人间的交通生活差距太远。不过，我们还是可以将它作为一种特殊的交通史料看待，从中窥探当时人们的社会心态。有一点可以肯定：人类历史上还没有关于驯服雄狮作为交通工具或其他生产工具的记载。文殊菩萨所乘的狮子，是人们的一种美好愿望。中国古代传说中有一种会在天上飞行的神兽，形似狮子，被称作麒麟，而狮子的形象往往被制作成石雕、泥塑、铸铁像等，为人们"守护"大门，镇妖压邪。总之，雄狮和猛虎同属猛兽，它们都不可能成为人类的生产工具或交通工具。

　　大象是陆地上最大的哺乳动物，分为非洲象与亚洲象两类。非洲象雌、雄均有象牙，性情暴烈，不易驯服；而亚洲象仅雄象有象牙，性格温顺，易于驯服，因此被广泛应用于人类的生产和生活。亚洲象主要分布于南亚和中国云南等地，佛教发源地古印度盛产亚洲象，所以佛经中有许多关于使用大象作战、驮运的记载。

　　中国很早就有关于驯象和使用象的记载。在商周时期的玉器和青铜器中，就有玉象和象尊。《诗经》在描述周王室生活时也有"维清，奏象舞也"的记载，讲述经过驯化的大象可以表演舞蹈，以供人们娱乐。汉武帝时曾有过"南越献驯象"的故事，河南嵩山的两处东汉石阙上都刻有驯象图。江苏连云港孔望山还有一座东汉圆雕石象，象的东侧镌刻持钩象奴，这是同时期的学者王充所述"越奴钩象"，即南方越僮手持长钩驯服大象的艺术表现，与后来敦煌壁画中普贤乘象及象奴有一定的渊源。

经过驯化的大象可以用来乘骑、驮载和驾车。在中国古代，用于骑载、驾车和表演的驯象，主要是来自南亚和中国云南等地的亚洲象。传说中的轩辕黄帝就曾"合鬼神于西泰山上，驾象车而六蛟龙"。周秦以来，象骑驮和象驾车普遍用于作战和远行。魏晋以后象的用途不断增加，除了骑驮与驾车运输、作战外，还大量用于祭祀仪仗和庆祝活动中，以衬托肃穆威严的气氛，而象舆则是这些活动的必备设施。象及象舆不仅用于祭祀和庆祝活动，同时又可作为一种游戏观赏活动，特别是在庆祝活动中，大象全身及象舆被装饰得十分豪华，以表现歌舞升平的景象，象征稳定繁荣的太平盛世。在漫长的岁月中，驯象已成为历代先民乐于使用的一种运载工具。

敦煌壁画所见象运，仅乘骑和驮运两类，而乘骑用象时一般都会设榻辇。在象背上设榻辇，对人来说是骑乘，而对大象来说仍然是驮运。也就是说，象的乘骑和驮运是一回事，我们这里是将供人乘骑的驯象壁画作为象舆或象辇来讨论的。敦煌壁画中的象辇与象舆，在结构上也基于其用途而有所不同，如佛传故事画中表现佛母摩耶夫人回宫所乘象舆为亭屋式，四周施帷幔罩住；斗法故事画中，反映达官贵人观看舍利弗与劳度叉斗法时所乘象辇，为象背上所设高座榻辇，让

图70 莫高窟第296窟 窟顶南坡 象辇 北周

图71 莫高窟第61窟 南壁 象辇三乘 五代

乘象辇者身居高处，可以更清楚地看到一切。

另外，有一些象辇比较宽敞，乘者可以仰卧其上。但无论何种形式，敦煌本地不可能有驯象运载，不过从敦煌来往的西域商旅或使者中，可能有一部分是使用驯象运载这种形式的，因为驯象比较适合长途运载。西域与中原之间来往的商旅中可能有驯象骑驮，而西域使臣中也可能有王公贵族乘坐豪华象舆来中原，或向中原皇帝献上驯象及其舆辇者，这就给敦煌壁画驯象辇舆的描绘提供了素材基础。

佛经中说，古印度善友太子乐善好施，他乘象出游，百姓们夹道欢迎。画中（图70）就是这一情节，绘制于公元570年前后，这是敦煌壁画中最早绘制的两幅象舆。实际上这两幅是乘象图，象背上披一件边饰为莲花图案的铺毡，一人跪坐于毡上，后竖伞幢，因此可视为舆。

五代的佛传故事画中所绘近十乘象舆，均为须弥方形座榻，辇上又置四角亭，乘坐者置身于亭内（图71）。这里所选为佛祖释迦牟尼降生后，佛母摩耶夫人回宫时的情景。此佛传故事画中还有象舆数乘，虽表现情节不同，但象舆的形式基本一致。

特别值得注意的是，公元10世纪初开凿的莫高窟第138窟，绘

图 72　莫高窟第 138 窟　北壁
马辇　晚唐

有一幅马辇图，马背上设有方形低栏榻辇，二人坐于辇上（图 72）。可以推测画师们是以"马"为"象"创作的，因为马背上无论如何也不能安置这类榻辇。这幅画是古代敦煌的画师们接受外来文化并进行想象后再创作的产物，所以它并不能反映真实情况。

水上交通的演变

江海扬波

　　秦汉以来，随着封建王朝的形成和统一，中国古代交通路线基本定型。以秦都咸阳为中心通往四面八方的水陆道路，构成了全国统一的交通干线网，各类桥梁的架设将被江河隔断的陆路连接起来。这一时期开始，中国与国外及海外也有了联系，象征中国同世界各国友好往来和经济文化交流的陆海各条"丝绸之路"全面开通。陆上交通工具（双轮双辕车）和水上交通工具（木板船等）在基本定型的基础上，根据越来越广的用途，交通工具也越来越多样化。海路交通工具已出现装置完备、适应长距离航行的大型帆船，沿海地区建有大型的造船工场。魏晋南北朝至隋唐时期，中国水陆交通情况，不论是境内还是域外，都是在秦汉的基础上进一步发展。这时出现了适应海上远航的水密舱船、沙船等先进的航海工具。我国也开凿了世界上最长、最宽的运河。帝王们可以乘游船行遍全中国，先进的中华文化通过水陆交通传遍全世界。

　　敦煌是中西方交流互通的陆上要塞，壁画上绘制陆上交通状况及交通工具自然顺理成章，但壁画中还同时出现江河湖泊等水上交通运输的图像资料，而且是比较系统的图像资料，这就十分令人震撼。在浩如烟海的古代文献中，有关车、船制造和使用的记载十分丰富，但留存至今的实物资料却如凤毛麟角。近年虽然考古发现了不少古代车船遗物，可惜都比较零散。相比之下，敦煌壁画中的古代舟船图像资料，则比较系统地反映了公元 4 世纪到 14 世纪，特别是隋唐时期水上交通工具的制造和使用情况。

敦煌石窟群中，自公元 6 世纪至 13 世纪的北周至元朝营造的五十多个洞窟保存了一百三十多幅古代舟船的形象资料。其时间跨度近七百年，船的形式达十多种，按其驱动方式，可分为人工驱动的小筏、小木板船、楼船、庐船、双尾船、双尾楼船、双尾庐船和靠自然动力（风帆）驱动的小帆船、大帆船、楼帆船、庐帆船、双尾帆船、双尾楼帆船、双尾庐帆船等，其中靠自然动力驱动的船只中有一部分兼有人工与自然两种驱动方式。

舟船出自壁画之因，大多为表现佛教经典中所述的航海内容，如"观音救海难""入海求宝""海神问难"等，其中尤以表现观音救海难者为多。所以，名义上这些船都是海船，也有一小部分是在讲述发

图73 莫高窟第323窟 南壁 湖光群船 初唐

生在江河湖泊中的佛教传说。绘于初唐时期的莫高窟第323窟壁画中，有大大小小的木板船和帆船十余艘，划桨、摇橹、张帆、拉纤的都有。本窟的小木板船和帆船图像都是敦煌壁画中出现最早的，画中描绘的是东晋时期扬州海上自现佛像，众人载佛像入寺供养的场景。后来，又先后于他处发现莲花座、头光，与佛像三者合在一起后浑然一体，所以这尊像被奉为佛教瑞像。虽是一幅表现佛教神异的故事画，但画中湖光山色，倒带有水上泛舟的悠闲情趣。只可惜，壁画中部的一艘大船已被美国人华尔纳用化学胶布粘贴盗走。

敦煌壁画中七百年间的舟船形象，随着时间的推移而发展变化，似乎可以作为一部船舶发展史来读。北周至隋朝所绘的，基本上全是小舟、筏之类。唐以后，壁画中渐次出现大木板船、帆船和各类楼船、庐船等，这些大船在一定程度上反映了我国当时的造船用船水平，但壁画中各时期出现的大小舟船，基本上没有一艘是真正的海船。所以，敦煌壁画上的船也只能反映内陆地区水上（江河湖泊）交通运输的部分情况，这是由敦煌所处的地理条件决定的。

第一节　轻舟涉远

我们的祖先很早就开始了对水利交通资源的开发和利用。为了生存，在不断同大自然抗争的过程中，受到自然现象的启发，"观落叶因以为舟""见窾木浮而知为舟"。最早的"船"是用许多根木橼或竹竿扎成的筏子，继而是"刳木为舟，剡木为楫"的独木舟。根据考古资料，早在距今 7000 年前的新石器时代，浙江河姆渡人就开始使用木舟，木舟的出现时间比车的出现时间还要早。从甲骨文看，最迟在商朝，已有比较成熟的木板船，同时已使用风帆。而到公元 6 世纪，除去海船不论，就行驶在我国各地的江河湖泊中的各类舟船来说，规模和技术水平都已有很大提高。南北朝时期，我国南方出现了用人力驱动的叶轮战船。隋朝时期，我国水运更为发达，开凿大运河，隋炀帝乘大船南巡即是明证。不过，我们从公元6至7世纪敦煌壁画的船图像中，可以了解我国最早的舟船制造和使用情况。壁画中北周、隋朝的小舟筏和唐朝的木板船，实际上反映了我国远古和上古时期的船舶发展史。

船舶在敦煌壁画中最早出现于公元6世纪后期的北朝时期，是靠人力驱动的原始小筏、小舟类，驱动设施主要是桨、橹、篙等。这种情况一直维持到公元7世纪初期的隋朝，而到公元7世纪末期的壁画中才出现了木板船。这些壁画无论是在船型还是驱动方式等方面，都与现实相差甚远，因为当时中国已有十分发达的造船和航运水平，如史书中关于隋炀帝沿大运河南巡时所乘龙舟的记载却未在壁画中展现。从史书记载看，这类小舟船在我国出现是很早的，图74中小舟绘于公元570年前后的北周时期，出现在反映善友太子入海求宝的故事中。这是敦煌壁画中出现的第一只小舟，尖头尖尾，中间大，两头小，船体较短。船上载客（船中间坐者）三人，船夫二人（船两头摇橹与撑篙者）。这是当时西北地区使用的内河舟船，类似远古早期

图74 莫高窟第296窟　人字坡东坡　小舟　北周

的"独木舟"。

敦煌壁画中，直到6-7世纪时才出现的原始舟船图像，并不能代表当时中原地区发达的漕运和造船水平，这可能是由于地域的局限。敦煌虽是丝绸之路要道，但因地处大漠戈壁，不需要漕运，人们见到的只是在内陆河湖中从事小型作业的小舟筏类。另一方面，舟船图像还可能受到佛经和壁画内容及布局的限制。根据佛经及其他佛教文献记载，运渡众生从水上抵达"彼岸"的工具中有名为"浮囊"者，用牛皮或羊皮制成，西域人"吹气浮身"以渡海。这种羊皮筏子至今还是黄河上游的渡运工具之一，因为这种"浮囊"在佛教壁画中是以海船名义出现，而且佛教文献中也有浮囊曾作为西域人渡海工具的记载，我们也可以将公元 6-7 世纪壁画中的小舟筏当作渡海工具看待。

隋朝时期的敦煌壁画在表现商船在海上遭遇到风暴及魔怪时，绘制了三只相同的小舟，先后分别在鬼魅横行、狂涛肆虐和风平浪静的海面上。舟为长方形，底呈弓形，舱内乘坐八人，其中着白衣僧一人，他一直站立于舟中作合掌状。遇鬼魅时，白衣僧人站着，坐者七人中四人低头表示恐慌，三人端坐镇静如常；遇狂涛时，有五人站立合掌；风平浪静时，只有白衣僧人与着黑衣的船夫立于船的两头。这里以连环画的形

图75 莫高窟第303窟 窟顶西坡 三只小舟（浮囊） 隋

图76　莫高窟第420窟　小舟　隋　窟顶东披

式依次表现了遇到海难一心称颂观音名号及观音救海难的全部过程（图
75）。这些"船"的形象，也可被视为佛教文献所记之"浮囊"，即中国
西北地区的黄河上游有着悠久历史的用于内河摆渡的"皮舟"或"皮筏"。

　　隋朝稍晚时期绘制的五只小舟，比前面的小船略有改进。船身长
方形，平底，行驶于河中，规模较小，只能乘坐七人，其造型在总体
上仍未脱离"浮囊"的构架。其中有四只绘于同一画面，左右两边各
两只，也是以连环画形式表达观音救海难故事，四只小舟都没有桨、
橹、桅、帆等驱动工具或设施，在分别遭遇鬼魅、狂涛、礁石和张着

图 77 │ 莫高窟第 23 窟
南壁 撑篙帆船 盛唐

血盆大口的海怪时,依然平稳行驶。左上角以卷草图案表现海上浪涛,为本画之特色(图 76)。

到了唐朝,在表现观音救海难的情节中,已经开始描绘帆船的形象。画中有绘制于公元 8 世纪前期的撑篙帆船,雕刻彩绘的船身长宽比例适中,桅杆矗立于船体中部,船夫的撑篙方向、风帆张开的方向与行船的方向三者一致。在敦煌所有的小船壁画中,这是最接近现实,也最富有生活气息的一幅(图 77)。

这幅壁画中所绘的另一艘小帆船,船上载客四人及摇橹船夫一

图 78　莫高窟第 23 窟南壁　帆船　盛唐

人。船舱从头到尾都设有横向隔板，表现出这支船在制作结构方面的一些情况及其坚固耐用的特性。这是一条很有代表性、古今普遍使用的小木船，它的构造与现今江河中的小船无异（图 78）。

从公元 9 世纪中期开始一直到 10 世纪末，敦煌壁画中出现了大量方头、平底的双尾船形象，大多也是表现航海的内容，但实际上这些船也行驶在画家们想象的河流和湖泊中。双尾船即一条船上有两条尾巴，因为它尾部有些像燕子的尾巴，所以又被称为燕尾船，其推进方式分为人工、风力及二者兼备三类。这种形式的船在史籍中不见记载。秦汉时期开始，中国已出现了由两条船相并的双体船，名字为"舫"。考古发掘出隋朝由两条木船相并连接而成的双体船实物，这种船运行比较平稳，双尾的形式可能是由舫演变而来。而双尾船的方头则可能是借用了唐朝沙船的形式，沙船最大的特性也较平稳，这与双体船相得益彰。所以，壁画上的双尾船多为方头平底型。五代卫贤《闸口盘车图》中有一只双尾船，双尾高翘，与敦煌壁画中的船类似，但属于后期敦煌壁画中的双尾船类型。

从船行于水的原理看，"双尾"在航行方面没有什么作用。而这种变化多端的"双尾"被描绘成各种形状，只是由画家们对船外形随意勾画而成。这里还有一个可能，即画师们故弄玄虚，有意让画面脱离现实，以表现佛教教义的"出世"性。另一方面，双尾船也是一种小木板船，各时期壁画中的舟船图像在航行设备方面描绘得比较仔细，从桨、橹、廊到帆、桅、缆等，都有所描绘。榆林窟的几幅元代小双尾船，连船的细部构造，如船身的装饰，甚至铆钉也描绘得十分清楚。这也说明画师们对船有一定程度的了解。

五代时的海神问难故事中绘有五只双尾帆船，方头平底，双尾较长，尾尖上翘呈燕尾状，风帆与行船方向相背（图79）。

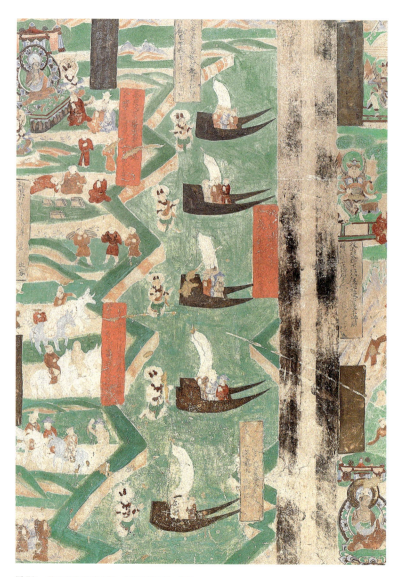

图 79　莫高窟第 98 窟南壁　双尾帆船五只　五代

图 80　榆林第 3 窟东壁　双尾船　元

　　在所有双尾船的图像中，榆林窟的小双尾船很有特色。它虽然是作为装饰图案出现的，与现实有较大差距，但画面上对船的细部结构，甚至每一枚铆钉都描绘得十分清晰，显然这幅画是出自熟知造船工艺的画家之手（图 80）。

第二节　楼庐观渡

　　舟船也是一种水上游乐工具，西周时期就有帝王乘船巡游的传说。舟船同时又是一种战争装备，据记载，春秋时期已有"舟师"和各种类型的战船以及专门的造船工场，同时代的青铜器纹饰中就有战舰的形象。游船、战船同其他舟船的区别就是看船上有无上层建筑设施，而作为游船的楼船，其标志主要是船舱内特殊的亭台楼阁建筑和装饰，一般被称为"画舫"，供帝王将相、达官显贵们巡游。

我们这里所谓的楼船和庐船，是指敦煌壁画中有上层建筑的舟船图像，其中包括一部分设有上层建筑的双尾船。而敦煌壁画中的上层建筑，主要分"楼"和"庐"两类，因此称为"楼船"与"庐船"。楼船与庐船绘制于公元 9-10 世纪，它们在壁画中所表现的内容包括观音救难、善友太子入海求宝等故事。除个别图像外，楼船多用于表现入海求宝，庐船多用于表现观音济难。因此，它们名义上是海船，但实际上并不是海船。

1. 楼船帆樯

楼船作为一种战船，从出土文物上留存的图案纹饰看，大概在战国时期就出现了，而游船的出现更早一些。秦汉、魏晋南北朝至隋朝，中国的造船事业蓬勃发展，以战船和游船为主体的各类舟船大量涌现，

图 81 ｜ 莫高窟第 231 窟　西壁内南壁　双尾楼帆船　中唐

特别是史籍记载的壮观的水上战争和帝王船队豪华出巡的情形，说明了当时的舟船在人们生活中的地位和中国造船用船的水平。但迄今为止，在中国不论是古代遗留下来的碑铭石刻，还是现代考古发掘的新发现，宋朝以前的游船形象和实物都极为罕见。

公元 8 至 10 世纪的敦煌石窟壁画中，绘制有楼船、双尾楼船、楼帆船、双尾楼帆船图像，特别是具有敦煌特色的双尾楼船图像比较丰富。这里所谓的楼，实际上即内舱的屋亭式上层建筑，大部分为单层，也有个别是两层的。楼船的驱动方式也是前述人力、自然动力（风力）及二者兼有这三种。在公元 9 世纪中期的善友太子入海求宝故事

画中，绘有一艘虎头双尾楼的帆船。此船方头，船身平但略呈弓形底，长方形船头上绘有虎头图案，帐形四角亭式内舱顶上设榻辇，有二人立于辇上。桅杆竖于亭舱后，杆顶部有示意风向的木雕小鸟（此小鸟依其规定之重量又被称为"五两"），高悬的大帆向前张起。船的上层建筑与船舱不协调，五两和风帆所示风向相悖（图 81）。

同时代另一幅入海求宝故事画中，绘有双尾楼帆船。此船圆底，半圆形船头上绘有虎头图案，舱内帐形四角亭式上建筑顶部亦为榻辇，榻上坐人。桅杆竖在楼顶，五两示风向，风帆向后张起，二者所示风向一致（图 82）。

　　值得注意的是，楼船壁画中没有发现一艘战船，这可能与壁画所表达的佛教思想内容有关，因为在佛经中，极少有关于海上战争的描写。另外，唐朝后期出现的亭屋式楼船，大多为帐形顶，顶上设榻輦，人可乘坐于輦上，有一些楼船的上层建筑为两层亭屋，屋顶也设这种榻輦，輦上坐人。这显然更突出了游船的作用，让乘船的游人们坐得更高，视野更开阔，使得湖光山色一览无余。莫高窟藏经洞出土的敦煌文书中，有一首五代时期的曲子词《浣溪沙·是船行》这样写道：

　　　五两竿头风欲平，张帆举棹觉船轻。柔橹不施停却棹，是船行。

　　　满眼风波多闪灼，看山恰似走来迎。仔细看山山不动，是船行。

　　这首词可能是在敦煌本土创作的，也可能是从中原或其他地方传入敦煌的。但无论如何，它所描述的应该是行驶在江河湖泊中的游船情景。在风平浪静的水面上，人们悠然自得地划着小船，欣赏着湖光山色，一派浪漫的情调，同时也反映了人们对美好生活的向往和追求。

　　此外，壁画中将表佛法普度众生的画面也用楼船来表现。绘制于公元 13 世纪的壁画中，有一艘表现慈航普度的接引船（图 83），船形如一座宫殿，平稳地漂流于波涛汹涌的海面上，船舱里佛正为众生说法。这艘船与其周围的环境显然与现实不符，船内的平静与船外的

图83　榆林窟第3窟　东壁　楼船（画舫）　元

风暴形成鲜明的对比，来表现佛法于恶世中普度众生的含义。

2. 庐船示道

庐船是指双尾船上设草庐式内舱的船，这类船又根据舱内是否设置桅、帆，分为双尾庐船和双尾庐帆船，其驱动方式也有前述三类。内舱设庐的船在敦煌壁画中也有一定数量的描绘。茅草搭成的庐篷是最简单的建筑，这种庐篷又称草庵，原为佛教僧侣们在山林中苦行修持所用。将草庵画成船舱的上层建筑，可能是为了突出壁画的佛教主题。庐篷（草庵）是一种便于安装和拆除的临时性建筑，但船壁画中有一些桅杆设在庐顶，说明有一些庐篷也可能是船上的永久性设施。另外，庐船所表现的内容仍然是观音救难、善友太子入海求宝等故事，这些以"海船"名义出现在壁画上的庐船，同样也没有一只是真正的海船。不过，同楼船画相比，庐船的行驶环境显得稍乱一些，似乎是真的处于风浪之中。

作为游船，不仅要行驶在风平浪静的水面上，而且船本身也需要平稳。这可能就是敦煌壁画中双尾楼船与双尾庐船大量出现的原因之一。壁画中的双尾船，不论是方头平底形，还是两舟相并形，都有平稳的特点。再就是游船周围的环境，不论是善友太子

图84 榆林窟第 146 窟　南壁　双尾庐帆船　五代

求宝的"海"，还是观音济难的"海"，大多为青山环抱、绿树环绕、清波粼粼的一湾湖泊。画中为五代时期的海神问难故事，所绘是五只双尾庐帆船，方头平底，双尾上翘，风帆后张（图84）。

　　绘于公元10世纪后期的佛教史故事画中有一幅表现接迎佛祖的双尾庐船（图85），船形及驱动方式与前述并无太大的差异，而佛祖坐于草庐中则更显示其宗教意义。

图85　榆林窟第33窟　南壁　双尾庐船　宋

第三节　巨舟搏浪

敦煌壁画中，北周、隋朝的小船也好，唐代及以后的各类小型舟船也好，似乎都不能真正反映当时中国舟船的制造和使用水平。长期以来，人们只是从史书上读到一部分关于中国古代造船和用船的记载，很少有可与之相印证的图像和实物。而公元8至10世纪的唐、五代、宋时期的敦煌壁画大船图像，虽然也是河船或湖船，形制上也分为有上层建筑和无上层建筑两种类型，驱动方式也分为自然力、人力及二者兼有三种，但它们却向我们透露了当时中国先进发达的造船、用船技术方面的信息。

敦煌壁画中几乎所有的舟船图像，都是以海船的名义出现的。而且，壁画中的"浮囊"之类，虽然佛教文献也说它们是渡海工具，但实际上，壁画中并未出现过真正意义上的海上运载工具。我们在唐代及以后的壁画中，确实看到了一些大船的图像，特别是莫高窟壁画中的一些"海船"。但可以肯定地说，当年那些地处沙漠深处的敦煌壁画创作者们，他们对海船及航海知识的了解十分有限，可能只见过江河湖泊中行驶的各类大小船只，因此出自他们手笔的"海船"依然只能行驶在江河湖泊之中。除了前述理由外，最明显的还有两处：一是所有的船上都没有船舵，而没有舵的船无论如何不能在海上行驶；二是许多"海船"上都绘有撑篙的船夫，既然使用篙，那肯定是行驶于浅水处（江河湖泊）而不是在海中。另外，有种被称作"浮囊"的东西，虽然也被描写成渡海工具，但它只能在海上漂流，绝不可能在海上载渡运输。尽管如此，这些大船图像仍然是敦煌壁画中值得研究的交通工具图像。

初唐绘制的方头平底船，应该是唐代初年在我国长江口崇明一带出现的沙船，它具有吃水浅、水上阻力小、行驶平稳、沙滩不碍通行等优点。图 86 所表现的扬都金像故事发生在扬州一带，同一壁的石佛浮江故事传说就发生在吴淞口。这些壁画出自唐初画家之手，所以这些船的形象，不论时间、地点都比较接近，具有一定的真实性。加之壁画面上又有长江吴淞口的描绘，我们可将这艘船认为是唐代的沙船，也就是至今所知最早的沙船记载，此类沙船也可能是大型航海沙船的前身。

这是唐朝壁画最早出现的大型船只，船上既无任何形式的内舱，也无桅、帆等设施，上立佛祖及各类人物二十余人，由两名纤夫拉拽着靠岸，表现从水路迎接并载运佛祖情景。船上有神帐式上层建筑，

图86　莫高窟第323窟　南壁　纤夫拉船（复原图）　初唐

帐中一尊僧立像。金像前后各站立两位僧人合掌礼拜，船首立一僧，手指前方，似在指示航向，旁有一撑篙船夫。船后部坐两位僧人，船尾立一船夫把舵。行船方式为两位纤夫拉运，两位纤夫弯腰弓背，似乎是使出全身气力在拉运此船，而船首的撑篙船夫则为防止未达目的地而靠岸搁浅的情况出现。这是古代在不利用风力的情况下，在江河中逆水行舟的唯一方式。这只船方头、平底、方艄，船身较宽，无桅帆设置，且有纤夫拉拽，证明是逆水行船，这可能是当时的漕运船队。

盛唐壁画中的一些大船的高舷板下，可能有供船夫休息的底舱或放置货物的货舱。根据佛教内容，它们都是在海中求取宝贝的船，求取的珍宝财物需要安放，连续多日长途远航的船夫们也需要小憩。同时，如果真的作为海船，还应该有水密舱设施，这种设计能增强船的抗沉能力，增强了船体的横向强度，船上可多设船桅、船帆，成为适用于远洋航行的海船。唐朝造船就已采用水密舱的船体结构。莫高窟第 45、205 等窟的高舷板大船，可能也有水密舱设置。但仅从画面上我们无法得知这两艘高舷板大船的底舱是货舱、宿舍还是"水密舱"。水密舱船可多设桅帆，便于快速行进或逆风行驶，但壁画中没有多桅多帆船，所有帆船不论大小均为单桅单帆。所以，能否确认敦煌壁画中的海船有水密舱，还需要船舶专家们进一步验证。

盛唐壁画的大船两侧（画面上只表现一侧），绘有作为船夫们操作台的"廊"，但两条船上的船夫们都没有坐在廊上操作，而是在舱内舷板上撑篙或摇橹。画中的海船（图 87），除了生动地描绘一群撑篙、摇橹的船夫与妖魔鬼怪、狂风恶浪奋力搏斗外，桅杆的顶部还清楚地画出五级挂帆扣，以示该船可根据风力随时调整行进速度。这在敦煌石窟所有船图像中是绝无仅有的。在面向观众的船体一侧的船帮上，绘有船夫们的操作台——廊，但可能是因为乘客较少，船夫们都在舷板上操作。在船的尾部，有一船夫用棹掌握航向，此棹即起舵的

作用，但只能在江河湖泊中使用。这幅画比较全面和细致地描绘了唐朝舟船及其行进的情景，在敦煌壁画中很有代表性。

另外，莫高窟第 31 窟所绘在大海中觅宝的"海船"（图 88），已经在"宝山"下"靠岸"，向后鼓张的风帆向我们透露出这只船似乎是逆风而来的信息。沙船虽然具有逆风行驶的功能，但据文书记载，沙船的逆风行船技术直到公元 15 世纪明朝时期才被人们掌握，它标志着水运技术的进步。绘制于公元 8 世纪中期的莫高窟第 31 窟的这种方头、平底结构的沙船，它"顶着逆风靠岸"，让我们产生盛唐时期的沙船就具有逆风行驶技术的想法。画中楼船（前半部），船身较宽，

图 88 榆林窟第 31 窟　北壁　沙船　唐

舱内有单层歇山顶屋宇式建筑，船体有华丽的雕刻装饰，桅杆顶有测定风向的鸟，这幅画与史书记载的沙船形体最为接近。这幅画描绘的是善友太子入海求宝，经历千辛万苦后终于到达宝山的情景。从画面上看，五两所示风向（向前）与风帆鼓起的方向（向后）相反。另外，船舱上的楼阁式建筑，为此幅大船所独有。

　　五代壁画中也有许多大船形象，用来表现观音救海难的情节。画中大船（图 89）绘于公元 10 世纪前期，方头、平底，首尾高翘，船体也有华丽的雕绘装饰，绘有桅杆、五两、风帆，以及摇橹、撑篙的

图89　榆林窟第288窟　前室顶西　帆船　五代

众船夫，五两朝向与风帆鼓张所示风向一致。船舱从头到尾都绘有横向隔板，表现出这艘船在制作结构方面的一些情况。从画面上看，桅杆的底座所用木料十分粗壮和坚实。画面上虽然是船夫们与狂风恶浪、妖魔鬼怪搏斗的激烈、惊险、壮观的场景，但大船行驶的"海"实际上是一片湖泊，或者更确切地说，是一处水池。这里固然也有壁画画面的整体结构设计和布局问题，但它并不影响其中所反映的画家们在水运知识方面的局限性。

同时代佛教史传故事画中的接引佛船（图90），为一艘方头、平

图90　莫高窟第454窟 窟顶南坡　方头船　五代

底的沙船型大船，无桅、帆，亦无上层建筑，但设有伞幢，佛祖及其随从十余人站立船中，另有摇橹船夫二人。这显然是一艘河船，但画面本身在同类船画中为最大。

宋代观音救难故事中的海船，是一艘大型庐帆船（图91），画面上众船夫同妖魔鬼怪、狂风恶浪奋力搏斗的场面蔚为壮观。同前述盛唐大船一样，船体上也有未被使用的操作台设施。船夫们除了船头三位划桨者外，船尾"从上插下二棹"，一舵手把其中之一。舱内的庐篷式上层建筑，为大船中二者之一。

同时代的另一艘大船（图92），双头、双尾，首尾上翘，低桅杆、

图91 莫高窟第55窟 南壁 窄庐船 宋

图92 榆林窟第38窟 前室南壁 双头双尾楼帆船 宋

小风帆设于船头，庐篷设于船舱中间偏后，篷中坐一官员，侧立一侍者，篷顶有祥云缭绕，船头一人合掌念观音名号，船下亦有一潜水者合掌作祈祷状。这是一艘专门载人的船，高翘的双头、双尾明显展示出对其外形的装饰作用，而低桅、小帆及撑篙的船夫也说明它不是真正的海船。

交通管理机构

传驿万里

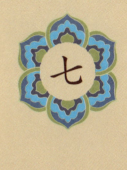

七

千百年间，历代封建王朝为了保障丝绸之路的安全畅通，付出了巨大代价，如修筑长城、派驻重兵等。直到现在，敦煌一带还保存着从汉至唐各个时期古丝路重镇要塞及相关设施的遗址遗迹，敦煌壁画中也有这一类的场景。历史遗迹和石窟壁画中反映的古丝绸之路管理情况，主要表现在军防、邮驿和马政三个方面。

第一节　关隘烽燧

军防主要是丝绸之路的安全保卫设施和措施。汉代以来，敦煌郡城即中西交通要塞，连同敦煌境内的长城、烽燧、玉门关和阳关，都是中西交通的象征和历史见证。敦煌古城现有遗迹，敦煌西部现存西汉时修筑的长城遗迹约 150 公里，沿长城有烽燧 15 座，均系沙土与芦苇相间筑成（图 93）。

其中，玉门关以西的长城内外两侧，每隔 5 公里即有烽燧一座，俗称"十里一大墩，五里一小墩"。这些设施，在各个朝代一直发挥着作用。唐代，还修筑

图 93　敦煌汉长城遗址

图 94　莫高窟第 321 窟　南壁　长城及关隘、戍边军兵　初唐

图 95　敦煌境内汉代西碱墩烽燧遗址

了锁阳城这样的州城城堡。敦煌壁画和绢画中，还为我们保存有公元7至10世纪的长城、关隘及烽火台的画面。

画中（图94）为绘于公元7世纪末的武周时期的长城，表现商旅来往出入关口的情节。长城上无女墙设置，这与河西一带现存的唐代以前的城墙遗址是一致的。沿长城设有关隘，关前有一歇山顶回廊式建筑物，似为关口，内有身着甲胄的士兵和穿便装的商人若干，这是守关士兵为过往商人办理出入境手续的情景。这幅画规模庞大，内容丰富，有较高的史料价值。

烽火台是长城上的古代军事设施，在敦煌一带有较多遗存。本图（图95）所见是位于今敦煌与安西之间保存比较完整的一座汉代烽火台遗迹。敦煌壁画中也有对烽火台的描绘，实际上是表现佛经

中所说堕落金刚山或在须弥峰被人推落的情节。佛经中称，如果不
幸从金刚山或须弥峰上坠落，此时只要一心称颂观音菩萨名号，就
可安全落地、免去灾难。画中烽火台高耸，就是为了表现遇险之人
从高处落下的画面(图96)。绘于公元10世纪中期的壁画中的烽火台，
夯土版筑的方形高台上有一人向远处眺望，实际上是古代烽火台及
守台兵士写照。

图 97　莫高窟第 420 窟　窟顶东披　胡商遇盗　隋

　　隋朝的《胡商遇盗图》中，西域的胡人商队遇到了最艰难的一关——全副武装的强盗队伍。经过一番激烈的厮杀拼斗，商人们全部成了俘虏，被押到匪盗头目面前，在众多匪盗的监视下，商人们一个个将袋中的钱财倒出来奉上。画中盗匪都穿着官兵服装，匪盗头目为将军像，列队于头目四周的匪盗队伍也井然有序（图 97）。如果离开佛经内容去理解，画面描绘得更像是商旅过境时接受检查的情形。

　　我们借助《五台山图》所绘的石岭关镇与忻州图来进一步了解古代敦煌的道路管理情况（图 98）。石岭关镇位于今太原以北约 70 公里的古石岭关与石岭镇军，是太原的北大门，历史上的战略要塞。据记载，石岭关分为南北两处，北为关，南为镇，相距 10 公里。之间

图98　莫高窟第61窟　西壁　石岭关镇与忻州　五代

即定襄县与阳曲县交界处。画面上"石岭关镇"题榜上下共绘三处位
于崇山峻岭中的单檐歇山顶建筑物，均应与石岭关有关。题榜右上方
的小房屋象征北面的石岭关；题榜左侧稍大的建筑当为石岭军镇，中
坐一人即为守镇军将，已进关（朝太原方向）的一行人当为犯人与押
解者；右侧画一城，规模大于下方的定襄县城，可能是石岭关北面约
二十公里的忻州治所秀容县城，上述罪犯及押解人等即由此城过石岭
北关。这幅画生动地表现了石岭关的交通要道及战略要塞地位。题榜
下侧的建筑物可能是当时石岭关镇专为过往行旅所设的通道，画面所
绘进关者均为普通行旅，这也可能就是石岭镇南。石岭关镇的这两条

道路及其不同身份的出入者，反映的可能是唐朝"官道"和"民道"的区别。

在敦煌境内，反映古丝绸之路的遗址遗迹主要是汉至唐的州郡古城、驿站设置、长城、烽燧等。敦煌壁画中，反映古丝绸之路的内容，包括中西交通的开拓、商旅贸易、道路、军政管理、邮驿、防卫、交通工具、运载牲畜、马政管理等各个方面。而有些现存的遗址，如城堡、长城、烽火台等，可以与壁画所绘相对应。当然，保存下来的遗址遗迹毕竟是少数，而壁画内容则显得更丰富、更生动一些。

玉门关即汉设两关之一，它在敦煌境内出现的时间实际上比敦煌设郡还要早，都尉治，先属酒泉郡，敦煌设郡后才改属敦煌群，是古丝绸之路北道的必经之地。（图99）为西距敦煌80公里的小方盘城，被专家们认定为汉代玉门关遗址，城堡呈方形，四垣保存较完整，城墙东西长24米，南北宽26.1米，残高9.1米，西、北两墙各开一门，总面积633平方米；城北坡下有南北大道；考古学家们曾在此发现过"玉门都尉"文书（汉代木质简牍）。

阳关系汉代两关之一，为古丝绸之路南道必经关隘，其址在今敦煌西南70公里的南湖乡古董滩，现仅存遗迹，周围有烽燧十余座。（图

图 99

图 100

100）为位于古董滩北面、被称为阳关眼目的墩墩山烽燧。

第二节　邮驿乘传

邮驿是中国古代重要的行政管理措施。历代王朝为维护中央集权，加强对地方的统治及经济文化的联系，传达王命政令，递送官方文书，建立并不断发展以国都为中心的四通八达的交通网络，建设了通往各地的比较宽阔的专用邮驿道路。驿路沿途设有驿站，派有驿夫，配备驿马。官方的驿吏、使节可以在驿站食宿、换马，以便用最快的速度传递王命政令。

敦煌境内在汉朝就有驿站设施，古称驿置。已发现和发掘的汉朝悬泉驿置遗址（图101），就是一处比较典型的汉代驿站设施。悬泉驿是历史上有名的驿站设施，据传其设立与贰师将军李广利伐大宛有关。悬泉驿位于敦煌之东约五十公里处的三危山下，为近年新发掘。已发掘出遗址面积3500平方米、驿舍房屋59间，其中有办公房、厨房、宿舍、马厩及储存粮米饲料的大库房等，掘出汉简18000多枚，记载有驿置设施、各类账目以及官署公文、驿使过往等情况。史书记载李广利因初伐大宛不利而滞留敦煌率兵屯田一年，故悬泉驿在设立驿

图 101　汉代悬泉驿置遗址

图102　莫高窟第156窟　北壁　邮政传递　晚唐

站之前可能是当年李广利率兵屯田和驻扎之地。

　　唐代于此设悬泉乡，为敦煌十三乡之一，同时又设悬泉镇驻军。乡的设置说明悬泉驿一带当时可能有从事农牧业的乡民。悬泉驿遗址资料显示，古代驿址一般设在远离郡县的交通要道上，平常由军队管理，它主要作用有三：一是保证交通道路的畅通和平安；二是驻扎过往军队，相当于运兵站；三是邮政传递。所以，它也是历代丝绸之路上的重要设施，担负着守卫丝绸之路和邮政传递等任务。

　　隋朝以后的敦煌石窟壁画中，有一些类似戍边军队的画面。其中有一些是表现商人遇盗的情节，由于画面上的"强盗"实际上是官兵形象，故可将这些画面理解为商队在通过边关口岸时接受检查，属于丝路管理的内容。而这些担负戍边任务的官兵们不是在州城军镇，而是平常驻扎在荒无人烟的崇山峻岭的驿站里。公元 9-10 世纪的莫高窟历史人物出行图中，描绘有驿夫乘驿马，来往穿梭于人群之间，从事驿传的场面（图 102）。

凌云有意

空中交通的梦想

八

在航空事业十分发达、人类已经进入太空的今天，能有多少人知道，早在一千多年前，飞行就是人们的梦想和美好愿望。敦煌壁画中的"神仙车"就体现了这点。敦煌莫高窟西魏至唐初的十多个洞窟中，绘制了由龙凤、麒麟（狮子）驾驭，行驶在云雾之中的神车壁画。神车也是由轮、舆组成，无辕；车舆为轺车型，有座椅、靠背、扶手和伞盖。驾车的龙、凤、麒麟（狮子）三匹或四匹不等，亦有个别是由"天马"驾驭。这种车的形象大抵来自中原，东晋著名画家顾恺之的传世之作《洛神赋图》中就有描绘。魏晋南北朝时期，这种车的形象在中原和敦煌流行，与当时道教的盛行有关，而佛教为了求得发展，也利用道教的形式来表现佛教的内容，以至于有现代学者认为它是佛教石窟中的道教内容。

敦煌壁画中的"神仙车"，与其他同时代的"神仙车"一样，是基于人们在现实车辆基础上的各种想象。虽然它被画在空中，但实际上也是陆上交通运载工具

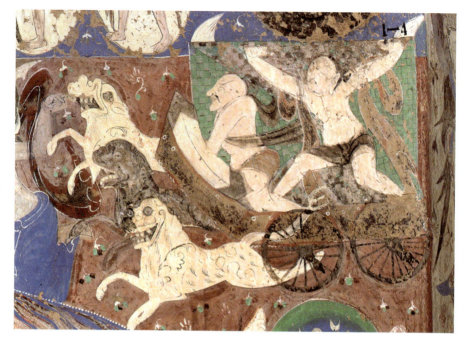

图 103 莫高窟第 285 窟 西壁 四轮狮车与日轮车 西魏

的翻版。在研究我国车辆的制造和使用历史方面,"神仙车"的可借鉴之处并不多, 但作为艺术作品,"神仙车"却体现了更深更广的文化内涵。它是中国古代人们对美好事物的向往, 并在自己劳动创造的基础上进行的想象。随着历史的发展, 许多神话都已变成现实, 其原因就在于用劳动创造是实现想象的必然结果。

绘制于西魏大统年间的四轮狮车(图103)与四轮凤车(图104), 都是没有辕、舆设施的四轮平板车, 驾车者分别为三只狮子(麒麟)和三只凤凰, 车上各有驭手(力士)二人, 双手分别托起日天、

图104　莫高窟第285窟　西壁　四轮凤车与月轮车　西魏

月天的力士一人。而日天、月天则分别以日轮车和月轮车出现。日轮车画于日轮之中，是一辆仅有舆轮而无辕的轺车，日天交脚坐于车内，驾车的两匹马分头向左右相背而驰。月轮中的月天乘坐的月轮车的形象构图基本与日轮车相同，只是将马改为鹅。这里所表现的是佛教密法各经典所载佛界诸天形象。

　　龙车和凤车最早出现于西魏时期。按照佛经内容，应该是表现佛教天界（诸天）赴会的场面。坐龙车者为帝释天，坐凤车者为梵天，他们都是佛教诸天中天部的重要护法神。画家们在这里可能是借助中

图 105　莫高窟第 249 窟　窟顶南披　三凤车　西魏

国传统神话题材中道教神仙东王公、西王母的形象。龙车、凤车均无辕，驾车者分别为四龙、三凤，车前部各有驭手一人。画中龙车由四龙驾驭，帝释天端坐车中，前后有各类神仙扈从，车下方还有一幅狩猎画面（图 105）。

画中凤车由三凤驾驭，梵天端坐于车中，前有一名穿红衣的驭手，车的周围是各类神仙，均在云气中行进，表现天国的美好情景（图 106）。

此后北周、隋代洞窟出现的所有龙车、凤车形象，除三凤全部变为四凤外，其他均一脉相承。北周的龙凤车画面保存得十分完整，绘制也更加精巧细腻，突出线描技法。画中龙车仍为四龙驾车，凤车已

图106　莫高窟第249窟　窟顶北披　四龙车　西魏　　　　　图107　莫高窟第296窟　窟壁　四龙车　北周

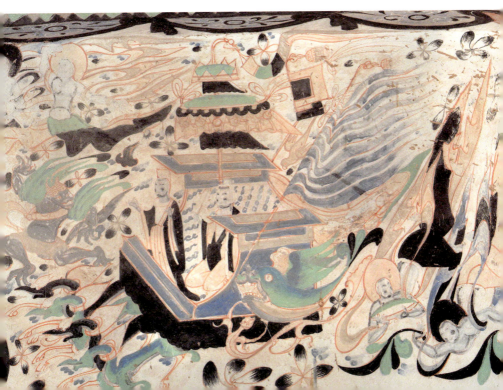

图 108　莫高窟第 296 窟　西壁　四凤车　北周

图 109　莫高窟第 423 窟　西龛外顶　四龙车　隋

图110　莫高窟第423窟　四凤车　西龛内顶　隋

变为四凤驾车，上施重重宝盖，车上插有牙旗，周围有天人随行。

　　隋朝龙凤车颜色艳丽，周围有飞天相随，由于绘制时突出风感，所以无论是神车还是飞天都显得行进速度非常快。